红色记忆® 43

铁骨铮铮新四军

海南省文化交流促进会　编著

南海出版公司
2015·海口

图书在版编目（CIP）数据

红色记忆．43，铁骨铮铮新四军 / 海南省文化交流促进会编著．— 海口：南海出版公司，2015.9（2025.1 重印）
ISBN 978-7-5442-8107-2

Ⅰ．①红… Ⅱ．①海… Ⅲ．①革命传统教育—中国—青少年读物 Ⅳ．① D642-49

中国版本图书馆 CIP 数据核字（2015）第 240291 号

HONGSE JIYI · 43——TIEGU ZHENGZHENG XINSIJUN
红色记忆 · 43——铁骨铮铮新四军

作　　者　海南省文化交流促进会
总 策 划　刘　栋
顾　　问　贾延岩
执行总编　任在齐
责任编辑　聂　敏
封面设计　郑广明
排版印务　高　敏
发行总监　杨成春
出版发行　南海出版公司　电话：（0898）66568505
社　　址　海南省海口市海秀中路 51 号星华大厦五楼　邮编：570206
电子信箱　nhpublishing@163.com
经　　销　新华书店
印　　刷　天津睿意佳彩印刷有限公司
开　　本　787 毫米 ×1092 毫米　1/16
印　　张　6.5
字　　数　118 千字
版　　次　2015 年 9 月第 1 版　2025 年 1 月第 2 次印刷
书　　号　ISBN 978-7-5442-8107-2
定　　价　39.80 元

对历史无知的人，没有真正的信仰可言；没有信仰的人，不可能拥有美好的理想，不可能胸怀崇高的情感，也就不可能担负起任何责任。用欲望文化代替历史教育，足以使一个国家的青年被腐蚀、使一个民族的希望被毁掉，使这个国家和民族被永世万代地奴役！

鉴于此，我们呼唤历史，唤回那段属于二十世纪的“红色”历史，唤回那段炮火硝烟、颠沛流离的历史，唤回那冲天的狼烟留下的悲壮回忆、岁月年轮沉淀的斑驳痕迹。历史不应该被忽略，更不应该被遗忘，牢记那段革命战争年代的红色历史更是责任。为了那些不应该被忘却的记忆，为了那些不应该被丢弃的信念，于是就有了这套《红色记忆》丛书。

曾记否，当草鞋与意志丈量出来的两万五千里穿越一个伟大民族五千年的荣辱兴衰，革命的火种被一路播撒、一路点燃。人迹罕至的雪山、荒无人烟的草地被鲜血浸透，衬映出一段光辉的里程；万水千山早已被远远地抛在身后，一轮红日在黄土高原磅礴而起。满目疮痍的河山在 1936 年 10 月温暖如春……

曾记否，当生命和鲜血浸染的十几年光阴将一种记忆铭刻进一个伟大民族的历史画卷，革命的火焰从星火到燎原。这栏杆拍遍、易水悲歌般的呼号，这折戟沉沙、慷慨赴义的悲壮，这铁马冰河、枕戈待旦的苦战，这红旗漫卷、所向披靡的豪迈……腔腔热血、铮铮铁骨早已被熔铸成一座不朽的丰碑，中华民族从苦难中百死后生的壮丽诗史凝结成了五星闪耀的红色记忆。

曾记否，中华人民共和国成立以来，又有无数英烈接过前辈用鲜血染红的旗帜，或壮怀激烈戍边卫国，或忠于职守鞠躬尽瘁，或绝甘分少奉献大爱，甘做国家强盛、人民富裕的铺路石，成为和平年代民族复兴的荣光，把人民心中的红色记忆浸染得分外鲜艳，永不褪色。

这红色记忆，是信念不衰、志向不改的崇高气节；这红色记忆，是无私无我、生属苍生的博大胸怀；这红色记忆，是敢为人先、披荆斩棘的拓荒精神；这红色记忆，是中华民族最宝贵的精神财富。它告诫我们，人事有代谢，传承无绝期。缅怀先烈精神，继承先烈遗志，是社会的道德和民族的良心，是后来者须臾不可忘怀的本分。

老一代人把历史的真实交付给我们，我们有责任用真实还原历史，传承给下一代，把那段岁月与现在年轻人的生活连接到一起，使他们眼中的历史变得立体、真实、可靠，让历史成为他们前进的动力。本丛书将那些流动的、随时会飘散在时间天际的事件凝固下来，希望透过这些文字、图片，感受到英雄们那坚定的革命信念，感受到那个年代澎湃的革命激情，真切体会那段“红色历史”。

忘记历史，就意味着背叛。让我们重温历史，缅怀先烈，从中汲取力量，毅然前行。

刘栋

目录 CONTENT

前　言

新四军全称“国民革命军陆军新编第四军”，是中国共产党领导的坚持华中抗日斗争的人民军队。

1937年抗日战争全面爆发后，中国共产党与国民党谈判达成协议，于10月将在江南八省的红军游击队改编为国民革命军陆军新编第四军。叶挺任军长，项英任副军长。1937年12月25日在汉口建立军部，1938年1月6日移驻南昌。

1941年1月7日，国民党当局发动皖南事变，围攻奉命北移的新四军军部。叶挺下山谈判被扣；项英、周子昆被叛徒杀害；袁国平在突围时牺牲。1月17日，国民党当局宣布取消新四军番号。1月20日，中共中央军委发布命令，重建新四军军部，任命陈毅为代理军长、刘少奇为政治委员、张云逸为副军长、赖传珠为参谋长、邓子恢为政治部主任。陇海路以南的新四军和八路军部队，分别改编为新四军第一师至第七师和独立旅。全军共九万余人。

1945年8月15日，日本宣布无条件投降。侵华日军和伪军听从蒋介石的命令，拒绝向八路军、新四军投降。新四军向拒不投降的日伪军展开全面反攻。8月26日，中共中央任命陈毅为新四军军长，饶漱石为新四军政治委员；后又任命罗炳辉为新四军第二副军长。

1947年1月下旬至2月3日，新四军兼山东军区以及所属华中军区、华中野战军、山东野战军合编为华东军区和华东野战军，新四军番号至此撤销。

在抗日战争中，新四军抗击和牵制了十六万日军、二十三万伪军，作战二万二千余次，其中对日伪军作战一万九千余次，歼日伪军三十一万余人；反顽自卫作战三千余次，歼国民党军十四万余人。新四军作战伤亡八万九千余人。新四军从最初的一万余人，发展到拥有主力二十一万五千余人、地方武装九万七千余人，计三十一万余人；另有民兵自卫队九十六万余人。建立了地跨苏、浙、皖、豫、鄂、湘、赣七省的苏南、苏中、苏北、淮南、淮北、鄂豫皖湘赣、皖江和浙东八块抗日根据地，面积达二十五万三千平方公里，人口三千四百二十余万，为抗日战争的胜利作出了重要贡献。

新四军三支队喋血皖南

文／冯晓蔚

1937年7月，抗日战争全面爆发。11月，上海、南京相继失陷，日军的铁蹄踏上了江南大地。在这民族存亡的关头，中国共产党以民族大义为重，勇敢地挑起抗日救国的重担，继红军主力改编为国民革命军第八路军东渡黄河、出师华北抗战以后，又在南方经过与国民党两个多月的谈判斗争，终于达成协议，将南方八省红军游击队统一整编为“国民革命军陆军新编第四军”。

闽赣边苏区和闽东苏区的红军游击队接到中共中央东南分局的指示，改编为新四军第三支队，下设第五团、第六团。五团由闽赣边的红军组成，饶守坤为团长，曾昭铭为副团长（政委）。全团有三个营和一个机炮连。一营以饶守坤率领的闽东北分区红军游击队为主；二营以陈仁洪率领的原四纵队一支队和马长炎率领的部分部队为基础；三营以省委机关直属队和崇安游击队为主。1938年2月，五团在江西铅山县石塘镇奉命北上，在浙江开化的华埠镇，与叶飞率领的闽东红军游击队改编的六团会合，成立了支队部司政机关，开赴皖南前线与日军作战。至此，新四军第三支队与皖南人民一道，与日本侵略者展开了艰苦卓绝的浴血奋战，在中国人民反法西斯战争史上写下了光辉的一页。

岩寺整训，完成部队组编、扩充装备、军政训练、开展民运四项任务

新四军五团、六团从开化向北，翻过金鸡岭进入安徽，到达风景如画的歙县岩寺。按照军部命令，三支队在岩寺西北的西溪南地区驻扎。

1938年4月初，新四军除四支队在皖西霍山县外，军部及第一、第二、第三支队七千余人，全部集中到岩寺一带。新四军的司令部、政治部设在岩寺，叶挺等军领导就住在岩寺镇的金家大院内。一支队驻扎潜口；二支队驻扎在琶塘、琶村；三支队、机关及五团一起驻扎在西溪南；六团驻扎在砖桥。三支队从闽北到赣东北，一路走的都是老区，群众看到红军又回来了，对中国革命的前途充满信心。新四军一路走、一路宣传，扩大了军队的政治影响，部队不但没有减员，而且补充了一些新生力量。

军部到达后不久，一天风和日暖，天气格外晴朗，叶挺等军首长来三支队看望战士。五团在西溪南村南河滩广场列队，接受检阅。检阅部队之后，军首长又召集干部见面，详细地询问行军情况并鼓舞士气。叶挺掷地有声地对战士们说："五团基本上是从闽赣边过来的老红军战士，是很强的骨干力量，要继续好好学习锻炼，今后发展起来都是我军的优秀干部。你们要利用当前宝贵的时间，加强军政训练，提高政治水平和军事水平。我们马上要同日本侵略者打仗了，没有过硬的本领不行。"项英说："我们虽然改编为新四军，但仍然是共产党领导的队伍，要继续保持、发扬红军的优良传统。过去我们打的是山里的游击战，将来可能要打平原水网地区的游击战，虽然游击战的基本原则不变，但是时间、地点和条件都变了，作战的具体方法也是要变的。"

4 月中旬，新四军在岩寺鲍家祠堂召开了全军（除四支队外）第一次营以上干部会议，会议由项英主持。陈毅代表党中央首先讲话。他介绍了抗日的基本形势、国共两党合作的进展情况，并对新四军的组建尤其是对叶挺将军出任军长表示祝贺，最后要求大家团结在东南分局及军分会的领导之下，坚决执行中央的路线，完成抗日救国大业。

叶挺军长在热烈的掌声中健步走上讲台，他激动地说："同志们欢迎我、信任我，实在不敢当。今后我一定坚决遵照党指示的道路前进，在党和毛泽东同志的正确领导下，在在座各位的帮助下，坚决抗战到底。"

项英在大会的最后介绍了新四军组建的经过及各支队整编和开进华中的情况，并明确了在岩寺待命的四项主要任务：一是进一步搞好部队的组编，调整和完善支队的编制，接受国民党第三战区的点验；二是抓紧扩充武器装备；三是搞好部队的军政训练；四是开展民运工作，以实际行动表明新四军是一支真心实意抗日的队伍。

全军营以上干部会议召开之后，三支队便和全军一起，在岩寺一带开展了轰轰烈烈的组训和民运工作。为了宣传中共的政治主张，动员全国人民团结一致、共同抗日，新四军在岩寺一带大力支持、帮助地方党组织领导抗日救亡运动，先后在歙县组织了"皖南青年救国会""歙县青年工作团"，还办起了农民夜校。另外，中共地下组织还在岩寺学校创办了青年训练班，组织培训来自全国各地的一百多名爱国青年，这批青年绝大部分参加了新四军，走上了抗日道路。

当时，在三支队驻地的西溪南吴家祠堂，有一个来自芜湖的流亡中学——芜关中学。该校从校长到教师，大都是国民党员，学生中大部分是三青团员，学校为表示对蒋家王朝的忠贞，后来干脆把校名改为“中正中学”。三支队在学生和教员中进行抗日民族统一战线的政策宣传，使他们对中共的抗日主张有了新的认识，特别是他们看到新四军热心为人民办事、纪律严明，便渐渐解除了顾虑，不再疏远新四军了。后来，当三支队离开西溪南，向芜湖一带前线开拔的时候，学生们听说新四军要到他们家乡打日军，一个个都激动得流下了眼泪。他们主动停课，列队欢送新四军，有的还参了军。

新四军编制序列隶属国民党第三战区，但是国民政府和第三战区却在军需给养、军费等方面对新四军大加刁难，新四军全军的供给仅相当于一个丙种师的标准；而武器的补充更成问题，新四军汇集到岩寺以后，兵员日益增加，却领不到武器，许多人只好拿着从苏区带来的大刀、梭镖作战。军长叶挺一面同第三战区司令长官顾祝同交涉武器配备，一面决定让新四军自己动手，创办兵工厂。

经过一段时间的努力，新四军的第一个兵工厂在岩寺上渡桥的江家祠堂诞生了。兵工厂一开始由几名会修枪的工人师傅和二十余名战士用简单的工具做些修修补补的工作。后来，经过大家的艰苦努力，可以制造出简易的机床和钻床。大家把石头凿成大轮子架起来，装上皮带子当发动机用，兵工厂便正式开始了生产。兵工厂自成立起一直跟随军部，后来搬到云岭，它不但修造枪支，而且制造了大量的铁雷、石雷，有力地支援了部队作战。

叶挺为了尽快改善新四军的武器装备，利用自己在海外的关系筹集资金，购置武器和作战物资。一次，支队部领回了几箱印着外文的木箱子，战士们打开一看，全是崭新的德国造驳壳枪！排以上干部每人都领了一支，大家高兴极了。在即将与凶恶的日军展开残酷血战的前夕，领到这批武器，战士们如虎添翼，增强了抗战必胜的信心。

部队集中后，指挥员们的抗日情绪十分高涨。但是，由于环境条件、作战对象和作战方式发生了很大变化，不少人在思想上存在一些顾虑。此时较突出的问题有两个：一是对国共合作有顾虑。有的同志认为，部队在坚持三年的游击战争中，吃够了国民党“剿杀”的苦头，过去的仇人不但成了今天的友军，而且还要受其指挥，他们在思想上想不通，在感情上也接受不了。二是有的干部、战士对日军作战的信心不足。为此，三支队于 1938 年 5 月在驻地西溪南举办了连以上干部集训队，对干部进行思想教育。集训期间，支队首长亲自来上课，组织大家学习抗日民族统一战线等有关方针、政策，提高对国共合作意义的认识，还组织学习如何开展敌后游击战、如何开展群众工作等。支队领导不仅讲解游击战争的战术问题，还和战士们一起研究水网地带如何作战等，在思想上和战术上对日后皖南地区的对日作战起到了很好的鼓舞和促进作用。集训结束后，战士们都觉得心里亮堂多了。

新四军在岩寺集中不久，国民党第三战区传下通知，派点验组来新四军驻地点验。这种点验，名为不许部队吃空饷，实际上是醉翁之意不在酒。他们企图通过点验把新四军的编制额从此卡死，限制新四军日后的发展壮大。广大指战员对国民党这种伎俩极为愤慨，为了尽可能壮大新四军的队伍、抗击日军侵略，大家都积极地开展反限制斗争。

西溪南点验不久，在粟裕的率领下，由第一、第二、第三支队抽调的干部和分队组成的抗日先遣队离开岩寺挺进苏南敌后，陈毅、张鼎丞率领第一、第二支队先后进入苏南地区。5 月初，三支队随新四军军部离开岩寺，挥师北上。

青弋江接防，红杨树大捷，人们不得不承认：新四军能打能守战斗力强

1938 年 6 月初，日本华中派遣军为了牢牢控制长江航运线，集结日军进攻武汉，命令驻芜湖的日伪军加强攻势。日伪军沿青弋江不断南犯，驻守在那里的国民党第三十二集团军节节败退。这时，第三战区司令长官顾祝同电令新四军，为加强上官云相的第三十二集团军在芜湖、青弋江一线的阵地防务，命令三支队五团接替国民党一四四师在红杨树—峨桥—青弋江一带的阵地防务。

6 月中旬，三支队副司令员谭震林率领五团和六团三营从茂林出发，于 7 月中旬到达了青弋江地区的西河镇一线。国民党第三十二集团军一四四师和一〇八师以阵地前沿的红杨树为界，沿江设防。接防前不久，红杨树已落入日军之手。部队到达青弋江前线后，新四军三支队五团团长孙仲德与国民党一四四师副师长进行了防务交接。接防后，三支队与国民党的两个师构成三角配置：三支队居前，计划从日军手里夺回被一四四师丢掉的红杨树到马家园一线阵地，然后扼守红杨树、金家阁、青弋江沿岸围堤，阻止日军南进。一〇八师阵地位于新四军后方，一四四师阵地位于新四军左后方，两支部队把新四军紧紧堵在前面。国民党军的恶毒用意是非常清楚的：借日军之手，消灭新四军。

新四军接防后的部署是：支队部带六团三营移驻蒲桥，五团团部留驻西河镇，一营驻离西河不远的王村，三营驻金家阁，陈仁洪带领的二营准备进驻红杨树。部队按布署展开后，迅速帮助群众重建被日军践踏的家园，并立即构筑工事，做好阻击日军南犯的战斗准备。

为了夺回红杨树，谭震林来到五团，给部队出了一个点子，他说：“日军刚占领红杨树，立足未稳，地形不熟悉，人心惶惶，你们夜里去闹闹，让他们六神无主。”部队按照他的指示，派出十多名有经验的侦察兵，趁着夜色，摸到红杨树村里，部队在村外配合，大闹了半宿。日军摸不清情况，怕被包了“饺子”，第二天天还没亮，便仓皇撤回湾沚据点了。部队顺利收复、进驻红杨树。

收复了红杨树，完成了一线阵地防御的配置，大大鼓舞了部队士气，但要在此处进行防御，迎击日军进攻，大家在思想上难免有些顾虑：过去打游击战，打得赢就打，打不赢就走，而现在要与日军在水网稻田地区打阵地战，究竟怎样才能打好这一仗，战士们心里没底，干部们也觉得压力很大。

谭震林了解到部队的思想状况后，在蒲桥召开了全支队干部会议。在会上，他分析了抗战以来的形势，然后指出：虽然新四军装备较差，火力又弱，不宜担负正规阵地防御作战任务，但为了顾全抗战的大局，即使付出大的牺牲也要守住阵地。新四军在红杨树一线作战的胜利，大大鼓舞了皖南人民的抗战热情，粉碎了日军不可战胜的神话。

新四军政治部主任袁国平说：“你们五团（指二营）在1934年崇安四渡桥打了一场漂亮的阵地战，是有经验的，日军并不可怕，你们要好好研究水网地带作战的特点，发动群众想办法，就一定能取得胜利。”袁国平还就如何做好战地群众工作等问题做了具体指示。蒲桥会议以后，五团又在西河镇召开了连以上干部会，决定尽快了解敌情，在走访友邻部队和老乡的基础上，集思广益，充分发扬军事民主，制定了切实可行的阵地防御措施。

新四军在乡亲们的帮助下，日夜苦战，在河流、稻田圩埂的拐弯处构置好阵地，又在挖断的堤坝两侧巧妙地挖好隐蔽部，做好暗射击孔，还在掘开的地段上挖好陷阱，埋上芦柴。一切准备就绪，只等日军上门。

一阵平静过后，一天，驻在湾沚的日军一一六师团的一个大队三四百人，在大队长川月的带领下，扛着重机枪，用骡马驮着钢炮，沿着圩埂向红杨树开来，伪军的一个保安队二百多人，紧紧地簇拥在日军后面。

战士们镇静地看着日军越走越近，挑着太阳旗的枪刺在烈日下格外刺眼。阵地上一点儿声音也没有，只有青弋江水低声地流淌。

报仇雪恨的机会终于到了！“打！”日军一走进战士们的射击圈，圩埂内的重机枪便吼叫了起来，一下子撂倒了一串敌人。日军慌忙卧倒，川月抽出指挥刀大喊，日军呼啦一下散开了队形，随后兵分两路，像野猪一般号叫着冲了上来。隐蔽在圩埂两侧掩体内的几挺轻机枪迎着他们叫了起来，不一会儿，圩埂上下又躺倒了一片日军。川月大概从未吃过这样的亏，挥舞着指挥刀命令日军继续向前冲，可是他们刚冲了没几步，就被新四军挖开的圩埂挡住了，那里到处布满了障碍物和陷阱。日军只顾低头找路，拥挤成一团，这样更暴露在战士们的射击范围之内，他们的脑袋一个个被战士们击中。川月见状，气得把指挥刀往地上猛地一插，命令日军架起小钢炮、迫击炮猛轰新四军阵地。而新四军战士都隐蔽在圩埂底的工事里，敌人的炮弹不是打近了落在阵地前面，就是打远了落到圩埂后面的稻田里。敌人一见死伤惨重，打了半天却连新四军的人影都没见到，自知再进攻也是徒劳，只好拖着上百具尸首，狼狈地撤回据点了。

这次战斗的胜利，使五团上下非常振奋。考虑到敌人不会善罢甘休，战士们便连夜加修工事，做好再次迎战的准备。

不久，川月果然带着人马又来了。这次，他们改变了战术，不再大张旗鼓地猛冲，而是利用圩埂向新四军隐蔽地逼近。但是日军在明处，新四军在暗处，战士们沉着射击，放近了再打，越打越准，日军怎么也冲不过前沿。他们又派出部分兵力，企图从侧后迂回夹击，但战士们早有准备，偷袭的日军死伤惨重，又缩了回去。战斗僵持到中午，敌人的进攻始终没能得逞，只好又拖着几十具尸首悻悻而归。红杨树阵地像一把锋利的钢刀，挺立在三支队与日军战斗的前沿。

在红杨树战斗打响的同时，另一股日军和伪军从芜湖方向进犯。五团三营在金家阁一线早就构筑好了工事，指战员们利用巧妙的战法，给敌人以迎头痛击，粉碎了敌人企图东西两路合围新四军的阴谋。日军在新四军三支队阵地前死伤惨重，指挥官气急败坏，便转攻新四军阵地右翼的国民党一〇八师。结果，国民党军的堂堂一师人马，被日军一个大队和伪军千余人一冲，便弃阵而逃，溃退几十里，而日军对新四军阵地，却再未敢“登门拜访”。

两次战斗告捷，增强了新四军战斗必胜的信心。一天，谭震林来到五团，说：“既然日军不来跟我们打阵地战，我们就主动跟他们打游击战。”当即，孙仲德团长将一名侦察参谋和从各营侦察排挑选的十余名老红军战士组成袭击小分队，带足手榴弹、炸药、煤油，于第二天晚上，悄悄进入了湾沚镇内。

湾沚是一个重要据点，是日军进攻皖南的前沿阵地，日军的一个大队都驻在镇中心的柿子园营房内，周围遍设碉堡、岗楼和铁丝网。新四军的侦察员们摸到敌营附近，把炸药包和包上棉花、蘸了煤油的手榴弹成束投了过去。霎时，敌营内一片火海，紧接着枪声四起，日军惊叫着乱窜乱跑，盲目地向四周射击。敌人相互混

战了一夜，而新四军的侦察兵却已在接连不断的枪声和熊熊的火光中安全返回了防区。由于战士们多次击退敌人的进攻，守住了阵地，新四军防区的人民群众安心生产、生活，而国民党防区内人心惶惶，所以连国民党部队中一些原认为新四军装备差、不能打仗的人，也在现实面前改变了观点，不得不承认新四军能打仗、能防守，战斗力强。

11 月下旬，三支队奉命离开青弋江，带着初战胜利的喜悦挥戈去铜繁（陵昌），准备迎接更艰苦、更残酷的战斗。

坚守铜繁两年，大小战斗近二百次，写下新四军皖南抗日史辉煌一页

1938 年 11 月，日本侵略者继攻陷武汉后，又占领了铜陵县城及大通、顺安等地，原驻守在这里的国民党部队节节溃退，第三战区司令长官顾祝同便把繁昌、铜陵、南陵等地划为新四军三支队的防区。11 月初，三支队奉命从青弋江的西河镇、红杨树、马家园一线开拔到这里。从此以后，三支队带五团和六团三营（有时一团、三团也配合三支队作战）一直战斗在铜繁地区，直到“皖南事变”发生。

三支队进驻铜繁地区后，支队部和五团团部驻扎在中分村。随后，支队司令部移驻沙滩角，政治部及战地服务团移驻燕子牧，五团团部仍留驻中分村，六团三营跟支队部驻沙滩角和赤沙滩一带。当时三支队的主要任务，就是同国民党五十二师、一四四师一起担任繁昌、铜陵、南陵境内长江沿岸的防御作战任务。这次国民党军故伎重演，又把三支队摆在了阵地最前面。一四四师在三支队左后翼，其主力在狮子山、钟鸣街一线；五十二师在右后翼，其主力在桂镇一带。军队部署又像在青弋江时一样，把新四军夹在国民党两部之间的前沿狭小地区。

新四军在大战前迅速了解情况，调整防御部署，抢修工事。同时投入力量建立群众武装，开展民运工作。当时，支队部有民运科，团里有民运股，每个连队还有民运组，他们向群众宣传党的统一战线和抗日救亡思想，搞社会调查，发动、组织群众起来抗日。部队走到哪里，就把民运工作做到哪里。

谭震林对党的工作和地方民运工作十分重视，他到各部队去视察，首先要了解民运工作的开展情况，许多工作都要亲自过问，并亲自动手抓。1939 年 6 月，在中分村支队部召开地方和部队干部的联席会议时，他登上讲台，作了题为《五十天民运工作》的报告，并组织讨论，广泛听取各方面意见。三支队有个战地服务团，由五六十人组成，其中女同志占了一半。服务团在谭副司令员的亲自领导下，工作开展得很活跃，除给战区的群众演戏、唱歌、上文化课外，还帮助地方组织农抗会、妇抗会等团体，建立和发展党的组织。后来，各乡大都建立了党支部，到 1940 年底，仅铜陵的党员就发展到两千余人。

三支队于1938年底开始，先后在姚家冲、凤凰山、新屋岭等地举办了三期“抗日救亡干部学校”，也叫“救亡训练班”。学员大都是铜陵、繁昌一带的农运骨干和知识青年。学校实行军事化管理，学员们都过着严格的部队生活，主要学习毛泽东的《论持久战》《抗日游击战争的战略问题》及有关抗日民族统一战线的论述，还有如何开展民运工作等。“抗日救亡干部学校”在艰苦复杂的环境中克服困难，坚持办学，为中共培养了大批干部，也为三支队在铜繁地区站稳脚跟打下了基础。

三支队进驻铜繁地区后，民运工作的重点是在各乡建立群众抗日组织，主要有农抗会、妇抗会、青抗会、猎户队、儿童团和递步哨等，这些组织在保卫皖南的斗争中起了很大作用。

国民党当局害怕新四军的发展，不让新四军建立地方武装，三支队就在各地帮助农民建立自卫队。繁昌山区打猎的人多，许多农民有猎枪，支队就把这些群众组织成猎户队。到1939年，繁昌全县的山区里，凡是有土枪的青年都参加了这个组织，区里有大队，乡里有中队，保里有分队，全县七八十个中队，共计一千多人。猎户队站岗放哨、搞侦察、当向导，积极配合部队作战，成为新四军的可靠助手。1939年下半年，五团还同繁昌县委一起，组建了猎户队总队部。

在铜陵钱家湾，有个知名人士叫章啸衡，1928年曾任北伐军营长，后因思想激进被蒋介石排斥而解甲归田。1938年10月，他拉起一支抗日游击队，因大队部设在沙洲大棚，故名沙洲游击队，这是铜陵地区的第一支由民众自发组织的抗日武装。1939年2月3日，叶挺、项英、袁国平和邓子恢联名致函章啸衡：“……我们现决定你们的番号改为新四军三支队铜繁游击独立第一大队，仍以章同志为大队长……”就这样，新四军加强了对沙洲游击大队的领导，使这支抗日的农民武装不断发展和壮大。同时，沙洲游击队先后给三支队输送了几批兵员，使三支队的战斗力得到及时补充，为开辟和巩固铜繁抗日游击根据地、保障军部通往江北的运输交通线畅通作出了贡献。

三支队除了做好统一战线工作以外，最主要的任务就是发展壮大自己，积极打击日军，粉碎日军“扫荡”。在铜繁抗战的两年多时间里，三支队与日军进行了大小战斗近两百次，是新四军皖南抗战史上光辉的一页。

繁昌的地理位置十分重要，它是皖南的门户，是新四军军部及后方基地的屏障，日军如从芜湖威胁徽（州）、屯（溪）后方，繁昌首当其冲。所以，敌我双方都非常重视这个战略要点。

1938年12月26日，日军纠集伪军二三百人，向五团驻地中分村“扫荡”。支队接到情报后立即展开，抢占了岭头有利地形，居高临下，猛烈射击，并乘胜发起追击，迫使敌人退至青山嘴，后向三山败退。新四军一举拿下了繁昌县城，占领了这个战略要地。自此，繁昌保卫战的帷幕便正式拉开了。

1939年1月10日，峨桥、伏龙山的日军分多路向繁昌进攻。三支队五团二营奋起与敌激战，迫敌退至马坝。次日，日军占领繁昌县城。13日，新四军三支队主力在游击队的配合下积极反击，日军即向峨桥、横山撤退，繁昌首战告捷。这次战斗，日军伤亡二十余人，新四军伤亡九人。

3月10日，新四军在孙村附近阻击敌人。峨桥之日军步、骑、炮兵共三百余人，乘机攻占繁昌城。新四军集结主力反击，迫敌退出繁昌。这次战斗，毙伤日军十余人。

5月20—23日，占据顺安、荻港等地的日军在联队长松木的率领下，出动一千余人，向繁昌地区“扫荡”。三支队五团和六团三营部署在乌金岭、马厂等地抗击敌人，经过四天激烈的战斗，歼敌三百余人，粉碎了日军“扫荡”，新四军伤亡百余人。

11月初，驻扎在繁昌的当面之敌，是日军岩松十五师团川岛警备部队，五六百人，还有大量伪军配合，分驻伏龙山、峨桥、三山、横山一带。繁昌以西，是一一六师团的一三三联队和西川、藤井、青木三个大队，计一千五百余人。日军又从芜湖调来了一千余人，对繁昌城形成包围，大有“黑云压城城欲摧”之势。

11月7日夜间，日军在伪军的配合下倾巢出动，8日拂晓，分三路到达新兴街、松林口和三元口附近，上午向繁昌城直扑过来。9时，日军在猛烈炮火的掩护下，突入繁昌城。下午3时，新四军开始总反击，战士们勇猛杀进城区，与日军展开了激烈的巷战，日军抵挡不住，终于纷纷向北门溃退，以施放毒气为掩护，趁着天色昏暗，逃回了据点。这次战斗，毙伤敌一百余人，新四军伤亡三十八人。战斗结束后，谭副司令随即命令各部撤回原地，抓紧休整，以备再战。不出所料，11月14日，新四军在塘口坝同日军又展开了一场血战，毙伤日军四百多人。

11月21日，日军又调集两千余兵力，分五路再度进攻繁昌。三支队五团战士在脊岭、大竹冲等地与敌激战，日军曾一度占领县城。新四军在峨山头与敌激战三昼两夜，把敌人压在城内，日军在新四军的反复冲击下不支，最后突围逃窜，新四军又胜利收复了繁昌城。这次战斗，共歼灭日伪军三百余人。

12月15—16日，日军高品联队一千七百余人、顺安之一部日军二百余人、石谷联队森木大队之一部三百余人，另一部百余人，配合伪军百余人和三山之日军七百余人，分多路向繁昌进攻。三支队将士顽强抗击，各路利用夜暗时分，积极袭击固守据点之敌，日军恐慌万状，于16日拂晓前分途溃退。新四军分数路进击，毙伤日军三百余人，新四军伤亡极微。

12月21—22日，日军一千三百多人，附炮十余门，由三山、横山桥、红花仙、峨桥等地分三路进犯繁昌，繁昌城再度被占。新四军当即反击，奋勇冲杀，血战两昼一夜，将日军击退，毙伤日军百余人。

三支队于1939年在繁昌打了十余次较大战斗，胜利保卫了繁昌，有力打击了日军的嚣张气焰，扩大了新四军的政治影响。是年年底，三支队召开祝捷大会，国民党繁昌县县长献上了“保障繁昌”的锦旗。新四军战地服务团演出了大型话剧《塘口坝血战》。三支队在铜繁地区对日作战的胜利消息，随着歌曲《繁昌之战》的传唱，传遍了江南大地，也给了全国抗日军民以极大的鼓舞。

皖南悲歌动天地，三支队为保卫新四军军部，喋血长龙山，浩气长存

1940年，抗日战争进入最艰苦的岁月。日军向华中、华东新四军发动猛烈进攻。蒋介石企图借日军之手消灭新四军，竭力限制新四军作战与发展壮大。为了粉碎敌人的阴谋，中央一再指示新四军，要积极深入敌后打击敌人、壮大自己。早在1939年的二三月间，中央曾派周恩来副主席到皖南云岭军部传达指示，并同军领导商定了“向南巩固，向东作战，向北发展”的战略方针。深入敌后的各部队发展很快，在不到一年的时间里，有的从一个团发展到几个团，有的从一两千人发展到近万人。

开赴敌后的新四军部队迅速壮大的大好形势，极大地鼓舞了皖南的部队，大家多么盼望部队迅速发展，早日北渡长江，开赴敌后，狠狠打击日本强盗。这样的心情，在三支队指战员中表现得尤为强烈。三支队自到达皖南后，一直局限于东起繁昌、南陵，西至铜陵、青阳这样一个狭长的地域内，面敌背顽，进退不能，还处处受国民党第三战区的挟制，部队发展和作战都受到阻碍。在皖南的三年里，新四军建制未有任何变动。

为打破国民党的限制，1940年6月，军部决定以三支队五团三营的第七连、第八连为基础，与桐庐游击大队和其他部队合编组成新四军三支队挺进团，任命三支队参谋长林维先兼任挺进团团长，下编三个大队和一个特务连，全团七百余人。挺进团成立之后，立即开赴桐、庐地区，放手发动群众，发展抗日武装，并为迎接皖南军部及部队北渡做好准备。

1939年5月，军部任命五团团长孙仲德奔赴江北，担任江北游击纵队司令。他紧紧依靠皖中人民，神出鬼没地打击敌人，顺利地开创了皖江抗日游击根据地。在接到军部准备北移的指示后，他积极在江北筹措船只，并建立了交通联络站。

战士们日夜盼着渡江北上到敌后去。1941年1月1日早上，团部要全体营以上干部到赤沙滩西南的支队驻地三条冲开紧急会议。大家火速赶到那里，见团首长早已来了。不一会儿，支队张正坤司令员（谭震林于1940年4月调离三支队，赴江南人民抗日救国军东路指挥部任司令员）、胡荣主任从里屋走出来。张司令员说："国民党正掀起第二次'反共'高潮，矛头指向皖南的新四军。据中央军委通报，顾祝同、上官云相已按蒋介石的密令，调动了七个师的兵力，对我军形成包围态势。军分会已经在12月28日作出全线北撤的决定，但北撤路线不从我们这里走了。军分会决定部队首先南下，过茂林，然后向东经榔桥、宁国附近，再向北到苏南溧阳一带待机过江。为保证军部北撤安全，军分会还决定我们三支队迅速南下，于5日拂晓赶到茂林随军部一起行动。"听了这个决定，大家感到很突然，心里又喜又忧，喜的是终于盼到了离开皖南、挺进敌后的命令，忧的是南下迂回的道路上敌情严重，凶吉难卜。张正坤讲完后，胡荣做了简单动员，要求大家统一思想，坚决完成保障军部安全北撤的任务。部队进行了仓促准备，于1月3日黄昏，在繁昌的沙滩脚附近集结后，冒雨出发，5日赶到了指定位置。

这次北撤，皖南的新四军部队共编成三个行军纵队。6日，支队首长指示，五团作为军部的后卫，直接归军部指挥，随二纵队向丕岭方向运动，任务是随时准备迎击尾随的敌人，保证军部后翼安全。黄昏时分，各路纵队按照计划开始向星潭、榔桥方向前进。二营是五团的前卫，这一夜，下着雨，部队在山路上艰难地前进。国民党的一四四师、一〇八师紧跟在新四军后面。突然，前面传来激烈的枪声，原来是国民党军突袭了新四军，前卫部队正在与他们激战。皖南事变发生了。

1月7日下午2时，军部派通信兵传下命令，要五团跑步前进赶到军部。当部队急行军越过军直的队伍赶到军部所在地丕岭脚下的百户坑村时，刚好叶军长从星潭方向看地形回来。见到战士们后，他很高兴，说："你们来得正好，国民党正在星潭、徽水河一线构筑工事，现在新三团攻打星潭受阻，你们赶紧做好战斗准备。等军分会决定后，强渡徽水河，为全军打开前进道路，争取与一纵队会合，突出重围。"叶军长讲完后，就快步走到几间草屋里去了，那里，新四军领导正在开会。会后，部队很快做了动员，勘察了地形，做好强渡徽水河的战斗准备。

可是，在军分会上，由于项英的右倾保守，叶挺强渡徽水河突围的正确意见没有被采纳，军部作出了错误的决定：部队由原路返回里潭仓，向泾县方向突围。部队行进后，叶军长突然来到五团，心情沉重地说："你们连夜回到里潭仓去抢占高岭，无论如何要在那里坚守三天，阻住由太平方向来的敌人，掩护军部和大部队改向泾县方向突围。完成任务以后，你们可以分散单独活动，坚持打游击，而后待机过江。"五团接受任务后，由二营作为前卫，向高岭方向迅速前进。

二营连夜行军，于8日拂晓前赶到了高岭，刚到山顶，就看到国民党部队在不远处的山梁上休息。部队迅速分成两路，一路抢占顶峰，一路扑向顽军。敌人还没反应过来，便被二营战士的步枪、机枪、手榴弹消灭了。这时，一营、三营也很快冲上来了，各营迅速控制各制高点，全团凭险固守，打退了顽军一次又一次的冲锋。顽军在阵地前丢下了几百具尸体，高岭就像一道不可逾越的屏障，死死地挡住了太平方向的敌人。10日傍晚，五团召集营干部在阵地上开会。坚守三天的任务已经完成，五团决定放弃高岭，重新返回里潭仓，追赶军部突围。

五团经一夜急行军，在11日拂晓前赶到了石井坑口，经询问得知军部就在石井坑一线，叶军长正在组织部队。五团赶紧带着队伍向前赶，见到了站在一个小山坡上的叶军长。叶军长神情镇定，对二营长陈仁洪说："现在我们的部队已在石井坑周围的山上跟敌人激战，部队已很疲劳，你们营赶快到长龙山接防，把教导总队的同志接下来，掩护其他部队整顿突围。"说到这里，他深情地看着全营的同志，大声说道，"同志们，你们五团是支过硬的老红军部队，一定要坚守阵地，长龙山不能丢！"说着，他用手杖指着山坳里的指挥所说："我叶挺就在这里指挥，跟同志们同生死、共存亡！"战士们士气大振，转身向长龙山奔去。这时三营长李锡锋也带着战士上来了，他镇定地传达了团首长的口信："一营上东流山主峰，三营归我指挥。"部队很快占领了有利地形，抢修工事。

自1月11日上午始，顽军疯狂地连续发起进攻，阵地上打成了一片火海。战士们个个像猛虎一样，枪管打红了，就从敌人尸堆里捡一支再打，顽军始终未能冲上山头。鏖战数日后，顽军发动了总攻，山顶被迫击炮掀起的烟雾笼罩，弹片横飞，烈焰燃烧，战士们在数倍于我的敌人面前，毫无惧色，英勇反击，山坡上堆满了血肉模糊的尸体。阵地上已有几处被顽军突破，战士们奋不顾身，同冲上来的顽军肉搏。

就这样，在皖南抗战中卓有战功的新四军三支队五团，约两千人牺牲在国民党的屠刀之下，这是多么惨重的损失啊！但是，三支队指战员在皖南事变中为保卫军部，英勇地抗击国民党的战斗精神，永远与皖南大好河山同在。

新四军三支队在皖南前线的斗争事迹，是一幅可歌可泣的壮丽画卷。日军的进攻和国民党的“剿杀”，都没有使三支队的英雄们屈服。皖南事变后，新四军重建军部，以陈毅为代军长、刘少奇为政委，部队重新组编了七个师和一个独立旅。从皖南事变中突围出来的三支队战士大都编在第七师，为了民族解放事业，战士们又开始了新的战斗。

（本文选自《铁军·纪实》）

转战沙场建殊勋
——回忆坚持淮南抗战的新四军二师

文/张劲夫　胡　炜　李清泉

1938年2月，根据国共两党达成的协议，将鄂豫皖地区的红二十八军和桐柏山区红军游击队改编为新四军第四支队，高敬亭任司令员，林维先任参谋长，戴季英任政治部主任，吴先元任经理部（即后勤部）主任，共三千一百余人。四支队挺进皖中、皖东地区开展抗战，在新四军江北指挥部的领导下，发展壮大武装力量。皖南事变后，根据中央军委命令，改编为新四军第二师，四支队是第二师的前身。

挺进皖中，转战皖东

1937年12月28日，毛泽东致电周恩来、项英："高敬亭部可沿皖山山脉进至蚌埠、徐州、合肥三点之间地区作战。"三点之间地区主要指皖东。根据毛泽东的电示和新四军军部的命令，四支队分别由湖北的七里坪和河南的邢集誓师东进，于4月下旬展开在舒、桐、庐、巢之间，做打击日军的准备。

5月初，日军陆续占领合肥、安庆、蚌埠、六安及沿线城市，国民党军队不战而退。日军烧、杀、抢、掠，民不聊生。面对日军的侵略，四支队积极展开打击日军的行动。5月12日，第九团一部全歼从巢县出来抢掠的日军二十余人，这是新四军对日军作战的第一仗。6月中下旬，第八团一、二营两次在桐、舒公路上伏击日军，毙、伤日军五十多人。7—9月，第七团和特务营十次袭击日军的运输车队，毙、伤日军一千余人，击毁军车一百五十余辆。同时，四支队还歼灭反动武装两千余人，皖中状况明显好转。

根据周恩来同志的指示，四支队派第八团先行东进，于9月越过淮南铁路进到皖东，与"东北抗日流亡挺进团"和巢县抗日游击大队会合，在合肥、巢县、全椒、定远之间的地区展开活动，先后袭击了花家集炯阳河地区的日军，消灭了土匪武装葛传江部，初步打开了皖东局面。

1938 年 11 月，新四军参谋长张云逸同志率军部特务营和一批干部到达四支队。张云逸向高敬亭等传达了党中央六届六中全会关于“发展华中”的方针，指示要发展武装力量，恢复重建第九团。接着张云逸即与桂系当局谈判，开展统战工作。谈判结束后，张云逸率第三游击纵队和四支队战地服务团一部，于 1939 年 2 月进到皖东，部署和指挥第九团的战斗行动。

1939 年 4 月 24 日，党中央指示：“目前我军在皖东的中心任务是建立皖东抗日根据地。”叶挺军长于同年 5 月上旬率部到达江北，中旬在庐江汤池成立了江北指挥部，张云逸兼任指挥，赖传珠任参谋长，邓子恢兼任政治部主任。叶军长命令高敬亭率四支队迅速进到皖东。江北指挥部机关也进到皖东青龙厂。

抗日战争时期，张云逸和陈毅等在一起。
左起：罗炳辉、张云逸、项英、陈毅

1939 年 6 月，江北指挥部对部队进行整编，以第八团为基础扩编为五支队，罗炳辉任司令员，郭树勋任政治委员。第四支队由张云逸、徐海东先后兼任司令员，戴季英任政治委员。江北游击纵队由孙仲德任司令员，黄岩任政治委员。各地的游击大队、游击队也进行了相应整组。

部队整编后，四支队在以定远藕塘为中心的津浦路西地区展开活动。五支队在津浦路东以来安半塔集为中心地区展开活动。江北游击纵队在无为、和县、含山等地区展开活动。至此，江北指挥部所属部队在皖东地区完成了战略展开。

坚决反摩擦，创建根据地

我军在皖东地区的活动，引起了日伪军和桂系顽军的恐慌，他们加紧限制我军发展。

从日伪军方面看，1939 年 2 月，巢县的日伪军袭击我第八团。4—5 月，明光的日伪军袭扰我殷家涧、施家集地区，被我军击退，共毙、伤敌一百余人。11 月下旬，巢县、滁县日伪军两千余人分三路“扫荡”我周家岗地区，徐海东带病指挥第七团、第九团与敌激战，三天毙、伤敌一百六十余人，俘虏日军小队长一人。从全椒出发的桂系顽军不战而逃。为表示团结抗战的诚意，我军主动将已占领的古河交还给桂系顽军。战后徐海东司令在作战斗总结报告时，口吐鲜血晕倒，一代名将从此一病不起。在路东，滁县日伪军两次袭占来安县城，明光的日伪军袭击我嘉山地区，六合、天长的日伪军也频频袭扰，均被我军击退。

从桂系顽军方面看，1939 年起，桂系顽军即贯彻国民党积极“反共”、消极抗战的方针，制造摩擦，不准其控制的政权机关为我军筹集粮款，逮捕我地方党干部和进步人士。1939 年 5 月，桂系顽军将我巢县抗日游击大队一个连包围缴械。1940 年 3 月 22 日，张云逸同志的妻子韩碧同志和长子竟被桂系顽军保八团扣押在无为襄安镇。江北游击纵队宣传科长田丰前往交涉放人，竟被活埋。

皖东的斗争形势日趋复杂尖锐。1939 年 11 月下旬，肩负领导发展华中任务的中原局书记刘少奇同志到达皖东江北指挥部。刘少奇同志主持中原局召开多次会议，指示：“抗战要有个‘家’，就是要有自己的根据地和政权，可以发动组织群众抗战，可以征粮收税，保障部队的供给。部队抗战没饭吃、没衣穿怎么行？要抗战就要扩展武装力量，兵不是越多越好吗？我们同国民党讲统一战线，既要讲团结又要讲斗争。现在国民党到处制造摩擦，我们坚决反对，如果国民党军队胆敢向我军发动进攻，就要坚决粉碎。”刘少奇同志的指示传达后，部队受到极大鼓舞。

1939 年冬至 1940 年春，国民党发动第一次“反共”高潮，桂系和韩德勤部顽军调兵遣将准备向皖东路西、路东地区进攻。刘少奇同志和江北指挥部决定：先集中兵力反击桂系顽军，而后回师路东反击韩顽。令罗炳辉率第八团和苏皖支队西进，邓子恢指挥五支队留守部队固守半塔集待援。桂系顽军集中一三八师主力和一些保安团六千余人于 3 月 4 日南北对进，夹击我江北指挥部，四支队立即展开反击。第十四团协同第九团将北路顽军包围于高塘铺地区，将其第十二游击纵队大部歼灭。第八团和苏皖支队到达路西地区后，全歼了滁县保安团，而后在第七团的配合下，在界牌集八斗岭地区给南路的桂系顽军一三八师及第十游击纵队以沉重打击。3 月 18 日，路西地区的反顽作战胜利结束，我军共毙、伤、俘敌三千余人。韩德勤部顽军、盱眙县常备旅约十个团的兵力，于 3 月 21 日向半塔集第五支队留守部队进攻，五支队及武装起来的机关人员固守阵地。陈毅同志指示叶飞率挺进纵队

从苏中紧急驰援，在东王庙地区给顽军独立六旅以沉重打击。罗炳辉同志也率第八团、苏皖支队、第七团兼程回援。顽军纷纷撤退，我军多路追击，于3月30日将顽军全部赶到运河以东、三河以北，共毙、俘敌两千五百余人。陈毅同志对半塔集保卫战给予了很高评价，他说："半塔保卫战是固守待援的范例。在华中，先有半塔，后有郭村。有了半塔，才有黄桥。"

皖东地区反摩擦战胜利后，刘少奇同志率中原局、江北指挥部于4月上旬转移到半塔集，地方党调集了大批干部，加上转移到皖东的上千名干部和青年知识分子，很快在皖东地区创建了辖十三个县的抗日民主政权，胜利实现了中央创建皖东抗日根据地的任务。从此时起，皖东抗日根据地改称为淮南抗日民主根据地，这是我党我军在华中地区创建的第一块根据地。

坚持路西、巩固路东

淮南根据地位于淮河以南、长江以北、淮南铁路以东、运河以西的广大地区，控制着津浦、淮南两条铁路，靠近南京、合肥、蚌埠、扬州等敌伪重要据点，对敌伪的统治中心地区构成直接威胁。敌伪从我根据地建立之初就不断地对我发动大规模"扫荡"，妄图摧毁我根据地。国民党顽固派曾强令我军全部撤到黄河以北，不然就武力进攻。

抗战期间，许多敌后根据地都存在敌、顽、我三角斗争，敌顽对我军夹击的情况，在淮南根据地更加突出。淮南根据地于1940年4月创建，5月上旬，日伪军二千余人"扫荡"我路西地区，遭我打击后占领了定远县城。5月下旬路东日伪军"扫荡"我来安地区，敌增援后占领了来安县城。6月下旬，桂顽一三八师和第十游击纵队进攻我路西地区，四支队在古城与顽军展开激战，罗炳辉率第八团兼程西援，江北游击纵队也在和县、含山袭击敌后，才将顽军打退。7月，韩德勤部顽军支持路东来安、天长地区的反动地主发动武装叛乱，捕杀我地方干部四十余人，经我军半个月的打击，才将顽军扫平。9月，日军集中第十五师团、十七师团和汪伪绥靖军一万七千余人，分七路对路东地区进行"大扫荡"，我十四团三营在六合县盘山地区阻击行进中的敌指挥部，敌紧急调动飞机二十四架次对我狂轰滥炸。经我军半个月的打击，敌被迫退回原防，我军共歼敌六百余人。11月上旬，桂系顽军集中五个多团的兵力进攻我路西地区，明光、定远的日伪军一千多人也从北侧配合，我第七、第八团兼程赶到后，才把敌人打退。1941年3月，蚌埠、明光的日伪军两千余人"扫荡"我路西北部地区，桂系顽军一三八师也从南侧进攻我界牌集，被我六旅击退。4月，我路东部队在天长、仪征、扬州地区发动攻势，日伪军五千余人对我军进行报复“扫荡”，我军在来安、六合地区歼敌三百余人。9 月，我军攻克明光附近的石坝据点，全歼驻守日伪军。10 月，桂系顽军占领了重镇大桥。11 月，我军发起反击，经过激战，全歼据守大桥和来援的一七一师两个营和一部分地方武装，歼敌一千五百余人。1942 年，我军实行精兵简政。10 月，桂系顽军乘我兵力有所减少之机，集中兵力对我路西地区发动大规模进攻。陈毅军长来电：“此战得失，影响我华中全局甚大，能否给桂顽以致命打击实有重大意义。”罗炳辉师长亲临一线指挥，四旅第十团、第十一团和路西分区的第十八团与敌奋战十个昼夜，共歼敌一千五百余人。战后，陈毅军长驰电向参战部队慰问嘉奖。1944 年 11 月，日伪军七千余人从津浦铁路和淮南铁路东西对进，“扫荡”我路西根据地，我军分散转到敌侧后打击敌人。“扫荡”之敌于 16 日开始撤退，桂顽竟乘我军消耗疲劳之机，集中四个主力营，于 19 日在占鸡岗地区向我第五旅发起进攻。我军奋勇反击，将顽军四个营全部歼灭。1940 年 8 月至 1943 年 6 月，我军任务的繁重和艰苦可想而知。

这是我骑兵部队在开辟淮北抗日根据地的行军途中

淮南根据地创建起来后，党中央、华中局、新四军军部即指示第二师要“坚持路西、巩固路东”，保障华中根据地的安全。第二师历任主要领导张云逸、郑位三、罗炳辉、谭震林等坚决贯彻执行党中央、华中局的指示，正确掌握对敌、顽斗争的方针和策略，领导和指挥部队，为把守好华中根据地的南侧大门而艰苦奋战。

对敌人大规模的“扫荡”，我第二师以广泛的游击战争粉碎之，动员组织群众坚壁清野，破路、埋雷、盖井、设障……限制敌人的行动，使敌人抢不到粮食，找不到水喝。我主力部队和地方武装以袭击、伏击、围困等战法到处打击敌人。对日伪军千人左右的“扫荡”，我军相继给以致命打击。对国民党军队，我军始终坚持争取其团结抗战的方针，桂系顽军向我发动进攻且团结无效时，则坚决回击。

淮南根据地不断巩固和扩大。1943 年 1 月上旬，华中局、新四军军部从苏北转

移到淮南路东的黄花塘，在这里安营扎寨，指挥华中地区的抗战斗争。

奋战淮北战场粉碎日伪“扫荡”

淮南抗日根据地创建起来了，淮南地区的部队理所当然要配合和协同兄弟部队作战。

为策应和配合苏中我军的作战，江北指挥部令五支队罗炳辉司令、周骏鸣副司令、冯文华参谋长、张劲夫主任率第八团、第十团和四支队第七团，于 1940 年 8 月 2 日强渡三河（洪泽湖、高邮湖之间的一条大河），开辟淮宝（阴应）地区。部队渡河后，经过一个多月的战斗，歼灭了韩顽三十三师大部，建立了淮宝县抗日民主政权。

1940 年 11 月，苏北我军发起曹甸战役，第十团奉命参战。十团渡过运河后，在平桥径河歼顽一个营，而后在宝应以北的黄埔镇担任防御，连续打退日伪军两次进攻。

1941 年春，我第四师部队在皖东北（同年秋季后称淮北）地区、津浦铁路以西地区同国民党王仲廉部顽军激战后，转移到淮宝地区休整，新四军军部令第三师九旅和第二师五旅主力到淮北地区阻击国民党军东进。第五旅主力经四个月的战斗，拔除了二十多处伪顽据点，歼俘伪顽武装八百余人，淮北地区的形势得到较大改善。

1941 年秋，王仲廉部顽军和韩德勤部顽军企图东西对进，攻占我淮北根据地。7 月，韩顽常备六旅两千余人，占领了泗阳、宿迁间运河边上的重镇程道口，利用地形构筑工事，形成了坚固的防御体系。10 月，王仲廉部顽军准备越过铁路东进，韩顽的一一七师、三十三师也进到淮阴、涟水之间。陈毅军长亲自部署和指挥，于 10 月 21 日发起程道口攻击战。经过激战，常备六旅被全歼。

1942 年春，淮阴日军企图打通淮阴至宿迁之间的运河交通，切断我淮北和淮海地区的联系。十四团在运河沿线选择了伏击地点。4 月 12 日，淮阴日伪军四百余人进入我伏击圈，十四团奋勇出击，经过八个多小时激战，毙、伤日伪军二百余人。

1942 年 10 月 16 日，淮阴、泗阳的日伪军一千五百余人对淮泗地区进行拉网“扫荡”，十四团集中一个营突袭淮阴县城，在城东关歼敌一个骑兵中队，缴获战马三十六匹，敌人被迫于 22 日撤回原防。

为掠夺我苏北地区的丰富资源，日军于 1943 年 3 月集中优势兵力对我苏北和淮北部分地区进行“扫荡”。3 月 11 日，日伪军两千余人进入我淮泗地区，十四团部队以交通壕沟为依托，转到侧后打击敌人。此时，国民党江苏省政府主席韩德勤竟乘我军与日军奋勇作战之机，率部窜入我淮北根据地中心。我军多次劝韩退出，韩置之不理。新四军第四师彭雪枫师长、邓子恢政委指挥反击韩顽，发起山子头战役。战役大获全胜，敌独六旅全部被歼，旅长李仲寰被打死，俘敌一千五百余人，窜入我根据地的韩德勤部顽军被全歼，韩德勤被生俘。

边打边建，铸成铁军

要把部队建设成坚强的武装力量，首要的是加强政治思想建设。1939年，邓子恢同志编写了《我们的出路》，使干部战士认识到为谁当兵，为谁打仗，要抗战到底、革命到底的道理。1940年7月1日，刘少奇同志做了《做一个好的党员，建设一个好的党》的重要讲话，干部和党员传达学习后，大大提高了加强自我修养和抓部队党建的自觉性。

1941年3月，新四军政治部主任邓子恢同志在政工会议上做形势任务报告，指出要把部队建成“正规化铁的党军”。邓子恢讲的党军是指部队的性质，铁军是指部队的战斗精神和作风，正规化是指部队要由过去分散的游击武装建设成统一的正规兵团。第二师领导确定：部队要深入持续地进行党军性质的教育，坚决贯彻执行党的指示和决定；团以上党委要加强集体领导，防止个人专断；要经常开展批评与自我批评，克服不良倾向；要加强政治工作和政治机关的建设，使政治工作成为各项工作的生命线；要加强党支部的建设，发挥党员的模范带头作用，战斗部队要做到班有党员、排有小组，要在全师开展“创造模范支部，争当模范党员”的活动，推动基层党支部建设，使党支部真正成为连队的战斗堡垒。

第二师重视抓战斗训练，以射击、投弹、刺杀、超越障碍、近迫作业五大技术和班排攻防作战的战术动作为主要内容。罗炳辉师长亲自培训一个学兵连，每下部队就让学兵连为部队进行示范演练。他还经常集合全团干部进行立姿举枪瞄准训练，一练就是一个多小时。罗师长常讲：“我们铁腿骡子能打败敌人的四个轮子，要敢于和敌人刺刀见红，打死一个是本儿，打死两个是利儿，打死三个本儿利儿都有了。”这些话对激励部队发扬革命英雄主义精神起到积极作用。

第二师重视自下而上总结战斗经验，从战争中学习战争。总结战斗经验不是由上级做一个报告，而是由参战干部讲解战斗的具体经过，而后大家评议。第二师领导重视研究敌人的战法，总结出应对之策。罗炳辉师长总结了粉碎敌人“大扫荡”的经验，创造了“麻雀战术”，得到兄弟部队的重视和上级首长的赞扬。

从江北指挥部到第二师，都一直重视部队干部的培训。各旅都有教导队，轮训基层干部和骨干。江北指挥部成立了教导大队，后改为军政干校和抗大第八分校，

培训营、团职和部分连职干部。张云逸同志兼任校长，他和二师的领导同志都到校给学员讲课。学员们也结合实际，总结战斗和工作经验，其间共培训学员三千人。在党的领导和人民群众的支持下，第二师部队经过长期的激烈战斗，锻炼成为一支赤胆忠诚、英勇善战、作风优良、纪律严明的铁军劲旅，为坚持淮南抗战立下了卓越功勋。

（本文选自《安徽日报》）

血染的征途

——记新四军浙东纵队北撤途中的一段艰难历程

文 / 周　勤

浙东纵队司令部

泰岳丰碑

在泰山万仙楼附近的松柏丛中，有一座 1946 年建成的革命烈士纪念碑。古朴、端庄的碑身，犹如一柄被战火锻造的利剑，直插云空。黑色大理石的基座上，镌刻着何克希将军当年亲自撰写的碑文：

新四军一纵队三旅原系浙东抗日纵队，过去驰骋淞沪，转战四明、会稽，直至日军无条件投降，伟大抗日民族战争胜利结束。受降开始，我淞沪浙东健儿为贯彻我党和平民主建国方针，继念相忍为国至意，毅然撤至山东。其间经过钱塘、黄浦、长江诸大河，沪杭甬、陇海等铁路，公路则难以数计（计数）。叠突重围，历经艰险。澉浦之战，粉碎了反动派袭澉阴谋，沪郊屯兵，摇撼了帝国主义者的侵略恶梦（噩梦）……

为人民解放事业而奋斗牺牲的烈士们的精神不死！

虽然这座革命烈士纪念碑耸立在几千里外的泰山脚下，但是无论它在哪里，人们都会记住发生在澉浦的那场血的鏖战、血的壮歌。

北撤前奏

1945年8月15日，日本帝国主义宣布无条件投降。饱受战乱之苦的中国人民扬眉吐气，欢庆抗日战争的伟大胜利。然而，在美帝国主义的扶植下，国民党蒋介石加紧策划内战。国民党第三战区司令长官顾祝同命令第三十二集团军、第九十八军等国民党正规部队日夜兼程，抢占了宁波、慈溪、余姚等城市，并向我浙东解放区步步紧逼。一场腥风血雨迫在眉睫。

为了争取抗战胜利后的国内和平，避免内战的爆发，1945年8月28日，毛泽东同志亲率中共代表团飞赴重庆，与国民党进行和平谈判，并以实际行动表明争取和平、反对内战的诚意，毅然宣布撤出包括浙东在内的南方八个解放区，得到了国内外广大人士的拥护和支持。

1945年9月20日，华中局和新四军军部转来中央的电报，命令新四军浙东纵队及地方党政干部立即全部撤离浙东，开赴苏北。尽管谁也舍不得离开这块用无数烈士的鲜血灌溉过的土地，但是浙东一万五千余新四军指战员和地方党政干部，还是毫不犹豫地执行了中央的命令，集结于三北地区的古窑浦、周巷、临山一线，待命北撤。

正当我浙东纵队忙于北撤前的各项准备工作时，国民党军队却尾随浙东纵队至三北地区，并导演了一幕偷袭周巷的丑剧。

1945年8月18日，浙东纵队攻克姚北重镇周巷，全歼了汪伪中央税警团的一个营。为了北撤，浙东纵队一旅第五支队进驻周巷，进行渡海准备。9月28日拂晓，驻扎于镇东头的五支队一大队指战员刚刚起床出早操，突然遭到来自东南方向敌人的进攻。在一片枪炮声中，指战员们被迫就地反击。及至天亮，敌人组织了更多的兵力，在密集的炮火掩护下实施强攻，曾一度打到大队部门前，形势万分危急。为了狠狠回击国民党的背信弃义，王胜支队长和邱相田政委决定五支队全线出击，以二大队迂回到敌军右侧，三大队迂回到敌军左侧，一大队从正面还击。在嘹亮的冲锋号声中，三支大队犹如三把利剑，插向敌阵，当场击毙了敌团长，打乱了敌人的指挥系统。敌人在失去指挥后，晕头转向，狼狈溃逃，有不少敌官兵自相践踏，淹死在河里。经过四个多小时的激战，五支队大获全胜，俘虏了敌军官兵二百多人，缴获轻重机枪二十余挺、长短枪二百多支以及大批的弹药物资。

周巷战斗的胜利，粉碎了国民党企图消灭我部分主力于杭州湾南岸的阴谋，巩固了浙东纵队北撤的出发阵地，为全军北渡赢得了准备时间。

先遣北渡

1945 年 9 月 29 日傍晚，当最后一缕阳光消逝在地平线后，浙东纵队第二旅的指战员们在旅长张俊升的率领下，依次登上了海船，向着杭州湾北岸扬帆起航，率先踏上了北撤之路。

二旅的前身是张俊升领导的国民党杂牌部队新编三十师八十九团。在中共浙东区党委和新四军浙东纵队长期耐心的团结争取下，1945 年 7 月 11 日，张俊升毅然率部起义，投向人民的怀抱。随后，部队改编为浙东纵队第二旅，新四军军部任命张俊升为浙东纵队副司令员兼二旅旅长。

新四军部分人员北撤途中合影

望着奔腾东去的海水，张俊升的思绪久久不能平静。9 月 23 日，浙东区党委在上虞的丰惠镇召开扩大会议，传达了中央命令浙东纵队北撤的电文，并就如何北撤的具体问题展开讨论。鉴于浙东远离苏北，其中横跨着杭州湾和长江两处天险，以及沪宁、沪杭铁路的封锁；国民党军队又虎视眈眈，随时准备消灭我浙东纵队，所以此次北撤困难重重。会议最后决定：为了分散国民党的注意力，全军分批北渡杭州湾。由浙东区党委书记谭启龙率浙东纵队本部及地方党政干部取道奉贤北上，同时分两个梯队在海宁黄湾登陆，从侧翼掩护本部的行动。张俊升觉得这是对二旅的一次极好的锻炼和考验。因此，会上张俊升自告奋勇地提出并再三地请求由二旅担任第一梯队，先期北渡，掩护本部和接应第二梯队。区党委最后同意了张俊升的请求。为了加强二旅的力量，区党委任命原四明地委书记王仲良和浙东行署秘书处长朱人俊分别担任二旅政委和政治部主任，并将余下特务营改为七团二营，编入二旅，负责旅指挥所的警卫任务。

由于二旅起义后改编不久，连营两级还来不及建立党的组织，旅政委、政治部主任又是在北撤前夕刚刚任命，对部队的情况不熟悉，而且全旅两千多人中有很大一部分是非战斗人员，战斗力并不是很强，情绪也不是很稳定，因此二旅作为先遣部队率先北上，任务十分艰巨。

经过一夜的航行，9 月 30 日凌晨，二旅在黄湾登陆。由于黄湾离铁路线不远，为了严防军机外泄，部队上岸后，立即占领了黄湾集镇，切断对外的联系，封锁消息，采购给养，构筑工事，准备按预定计划在黄湾接应由浙东纵队司令员何克希亲自率领的第二梯队——一旅第五支队的到来。10 月 1 日，二旅派出的搜索部队已前进到海宁袁花和海盐六里堰一线，侦察敌情。

正当二旅积极准备与五支队在黄湾会合的时候，七团一个叫褚金城的连长乘部队忙于部署调动之际，偷偷带领该连两个排投敌，致使二旅的情况完全暴露。国民党获悉后，立即调集了四十师、七十九师、一〇八师和一二四师四个师，在九十八军军长段霖茂的统一指挥下，从杭州、嘉兴两个方向向黄湾急进，其先头部队已在袁花与二旅发生接触战。鉴于二旅的行踪已经暴露，黄湾已不能再作为五支队登陆地点，因此 10 月 2 日张俊升旅长在与王仲良政委、朱人俊主任等旅首长商量后，致电何克希司令员，报告了二旅发生的情况及准备放弃黄湾，即刻向澉浦转移，改在澉浦接应五支队登陆的计划。当晚全旅撤出了黄湾阵地，循沪杭公路向澉浦进发。

二旅进占澉浦城时，天尚未亮，旋即布置警戒，占领了澉浦城周围东、西、北各个山头，抢筑工事，准备固守。部队刚部署完毕，西门外的阵地前就发现零星敌踪。天亮以后，敌四十师也已尾随至澉浦附近，西、北两个方向同时传来了枪声。情况十分不妙，二旅已被国民党军队紧紧盯上了。战斗打响后，二旅的几位首长做了分工，由张俊升旅长坐镇前线，掌握战场情况，指挥战斗；王仲良政委和朱人俊主任带领七团二营和电台据守澉浦城，与何克希司令员和五支队保持联系，及时通报二旅的情况。不久接到何克希司令员的回电，告知五支队已准备下船，及早赶到澉浦与二旅会合，要二旅坚守阵地，接应登陆。

当天下午，国民党一〇八师的部队也陆续赶到澉浦附近。中午时分，敌军投入了更多的兵力，向二旅各个阵地发起猛攻，战斗越来越激烈，二旅除警卫营外其余各个部队均已投入战斗。不久西面有几个小山头被国民党部队攻占。张俊升闻讯后立即在前线拟了一份电稿，大意是：“我判断国民党是蓄意阻挠我军北撤，进而企图消灭我军。澉浦战斗进行下去徒招无谓的消耗和伤亡，因此我决心把后续部队登陆点选择为平湖的乍浦，已派侦察部队出发，我即到前方视察战况和布置，而后行动。”待电文译妥后，派人交报务员即刻以急电方式发给何克希司令员。随后，张俊升向七团团长占聚民、九团团长赵葵春布置了撤离澉浦的行动方案，命令两团在下午 4 时整各以一个加强连的兵力向当面的敌人发起反攻，然后以七团、九团的顺序往乍浦方向转移。任务布置完毕，已是下午2时左右了。

当王仲良政委看到张俊升旅长拟写的电稿后，感到此事至关重要，不是谁能决定得了的，须召开有关的干部会议才能决定二旅是撤是守。因此王仲良派人去前线找张俊升，要他立即回澉浦城里参加会议。会上，王仲良政委、朱人俊主任认为二旅的主要任务是接应何克希司令员率领的五支队登陆，因此，不能轻易放弃澉浦，即使要撤离也应等到天黑以后，否则部队在撤出阵地时很可能因受到敌人的袭击而遭受损失。张俊升旅长则从军事的角度强调澉浦的地形不利于防守，多耽搁一时就多一分被敌人包围的危险，应该趁敌人合围还未形成时，及早撤出澉浦。是撤还是守？双方的意见一时统一不起来。时间在分分秒秒中很快地消逝着，时针逐渐指向下午4时。突然前方传来了一阵密集的枪声，七、九两团按照预定的部署，向敌人发起了反攻，然后按顺序撤出了阵地，沿公路向乍浦方向转移。在此种情况下，指挥所的会议不得不中止。为了让何克希司令员知道二旅已经撤离澉浦，电台一再与五支队联系，遗憾的是，五支队此时已登船下海，联系中断。匆忙中张俊升带领指挥所机关人员追赶部队，指挥撤离，王仲良和朱人俊率七团二营殿后，尽量争取在澉浦多留些时间，以等候五支队的到来。七团二营在澉浦城外的海滩边一直等到天将黑时还未见五支队的踪迹，只得在王仲良的率领下，撤离了澉浦。

当二旅撤出澉浦城四周的山头后，国民党军队连夜占领了这些阵地，形成对澉浦城的包围，而此刻由何克希司令员率领的五支队的渡船正向着澉浦急急驶来。

被困澉浦

根据浙东区党委扩大会议的决定，浙东纵队一旅第五支队及上虞自卫大队（包括部分地方党政干部）一千二百多名指战员在纵队司令员何克希的亲自指挥下，移驻姚北临山一带。按照计划在二旅先行出发后随即北渡，在杭州湾北岸与二旅会师，然后继续北上。可是天有不测风云，10月1日，正当五支队准备登船时，突然受台风的侵袭，杭州湾上浪涛翻腾，船只不能航行，部队只得在渡口附近集结待命。

10月3日，台风出境，天气开始好转。在这前后，何克希司令员连续接到二旅的电报，得知二旅在黄湾遭到国民党军队的进攻后已转移到澉浦，并决心在澉浦坚守，等候五支队。何克希司令员判断二旅处境不妙，形势十分紧迫，须及早与二旅会师，所以不等天气完全好转，便命令五支队及上虞自卫大队立即北渡，同时把这一决定电告二旅。下午4时左右，各部队迅速上船向澉浦进发。

夜幕越来越浓，眼前黑茫茫一片，四下里除水声外万籁俱寂，帆船在浪涛中颠簸前进，许多人晕船呕吐了。此时何克希司令员的心情十分焦急。由于在海上航行，电台不能工作，与二旅的联系中断，情况不明。二旅在澉浦能否抵挡得住国民党军队的进攻呢？一切都还是未知。4日拂晓，何克希司令员与纵队指挥所乘坐的大帆船最先靠上澉浦东门外青山海滩时，从澉浦方向传来了几声清脆的枪响，这时大家才放心，认为二旅还坚守着澉浦城。

为了及早与二旅会合，何克希司令员没等船停稳便第一个跳上岸，顾不得招呼其他人，急步向澉浦城走去。随行参谋、侦察员、通信员及临时担任警卫的五支队一大队的一个班也紧跟着跑步前进。从海滩到澉浦城仅一公里左右，一行人很快就来到了澉浦城，可是沿途却见不到二旅的部队，直至城中心的十字街口时，还是没有遇到任何人。

何克希

“不对！”一个危险的信号闪现在何克希司令员的脑海中，他立即命令侦察员搜索警戒，随即在十字街口摊开了军用地图，和司令部科长周毅一起研究可能发生的情况。突然一声尖啸声传来，两发迫击炮弹在不远处爆炸，顿时火光闪烁，黑烟弥漫，飞溅的尘土撒了满身满脸，烟雾中他们隐约看见一股敌人正向着十字街口袭来。当时五支队尚在登陆中，澉浦城内只有何克希司令员身边的二十多名指战员，情况万分危急。在这千钧一发的紧急关头，何克希司令员沉着镇定，当机立断，组织身边的警卫员、侦察员、通信员立即以迅猛的动作，向敌人发动了猛烈的冲击。进城的敌人是国民党部队派出的一个搜索连，他们在清晨从澉浦城北门和西门进城后，一路上未发现任何人，于是放松了警惕，大摇大摆地朝城中心走来，不料遇到了措手不及的攻击，一下子被打得晕头转向，狼狈地向城外窜逃。这时五支队一大队二中队的一个排和三大队七中队的一个排已经行进到澉浦城外，听到枪炮声后，迅速入城，配合进城部队向敌人开火，俘获了来不及逃走的两个班的敌人。随后，一大队的两个中队在大队长张季伦、教导员蔡子悟的率领下，紧跟着跑步进城，顺利地抢占了西门。二大队六中队也从南门进入澉浦，协同占领了整个澉浦城。

澉浦城三面环山，一面背水。三面山上的各个阵地当时都已被国民党军队占领，而运送部队来澉浦的海船，因另有任务，已返回浙东，所以后退之路已经断绝，五支队陷入了敌人的重重包围之中。所幸及时抢占了澉浦城，还可以依赖环城两米多高的城墙与敌人对峙，有了一个立脚之处，否则后果不堪设想。

一场异常严峻的考验摆在了何克希司令员和全体指战员的面前。在这场生与死的考验到来之时，每个人的心中都充满着悲壮的情感。这时，一轮血红血红的朝阳逐渐从海平线上升了起来，迎来了 1945 年 10 月 4 日。

背水鏖战

从俘虏的口供中得悉，国民党在得到新四军浙东纵队北撤的消息后，迅速调兵遣将，集结了四个多师的兵力，准备对浙东纵队“南追北堵，东西合击”。这四个师都是国民党的精锐部队，其中的四十师、七十九师和一〇八师，曾在震惊中外的“皖南事变”中充当过刽子手的角色，双手沾满了新四军将士的鲜血。现在他们又企图趁新四军北撤时，在杭州湾北岸聚歼浙东纵队，制造第二起“皖南事变”，居心何其险恶！

海盐澉浦登陆处

由于二旅已撤离了澉浦，情况发生了意想不到的变化。何克希司令员与王胜支队长、邱相田政委等五支队首长研究后，决心以五支队已登陆的兵力固守澉浦城，待五支队全部到齐后再相机反击。同时将澉浦被围的情况电告新四军军部和苏浙军区粟裕司令员。不久新四军军部来电，通报了敌情：根据获悉的情报，国民党直接用于澉浦正面的兵力达七个团一万余人，并还在继续向澉浦增兵。军部已命令陶勇率一个旅从长兴出发前往增援，五支队在可能的情况下应尽力避免与敌作战。

上午 9 时左右，澉浦南门外的长山制高点被敌军占领，敌人以火力封锁了海面，给后续部队的登陆造成了很大的威胁，但是英勇无畏的战士们，冒着枪林弹雨，强行登陆，迅速进入澉浦城。10 时，敌人从西南、西、北三个方向同时向澉浦

城发起猛攻。面对凶狂的敌人，指战员们一个个把仇恨凝集在枪膛里，直打得敌人鬼哭狼嚎，丢下了许多尸体，慌忙退回到葫芦山、翠屏山、凤凰山一线高地。

在纵队指挥所里，何克希司令员和五支队的几位首长紧锁着双眉，思考着部队下一步的行动。国民党的四个师被吸引到了澉浦附近，看来一场血战在所难免了，而且这场战斗的成败，直接关系到整个浙东纵队能否完成党中央交给的北撤任务。问题是五支队能否以一个团的兵力抵挡得住敌人四个师的猛烈进攻？在孤立无援或援军赶赴不及的处境下能否突出重围？还有别的路可走吗？一连串棘手的问题考验着几位指挥员的神经，要下这样一个关系到一千二百多人命运的决定绝非易事。思索片刻后，何克希司令员果断地说："我们只能针锋相对，立足于打，要扭转被歼的危险战局，必须以攻为守，杀开一条血路，才能突出重围，这是唯一的出路！"司令员的意见得到了其他几位首长的赞同和支持。于是指挥所作出了决定，上午坚守澉浦城，下午集中主要兵力夺取扇子山和隐马山，为晚上突围创造条件。命令被逐级传达了下去。

没过多久，沉寂了片刻的战场上又响起了密集的枪炮声，敌人在猛烈的火力掩护下，成连成营地向澉浦城连续猛扑，可是在五支队指战员们的顽强阻击下，敌人的进攻犹如撞上了一堵坚硬无比的巨墙，一次次被碰得头破血流，伤亡惨重，不得不偃旗息鼓，策划新的阴谋。

上午 11 时左右，国民党前线指挥官、九十八军军长段霖茂派人送来了一封逼降信，信中说道："你们已被团团包围，处于前无援兵、后无退路、山穷水尽的境地……限你们在 12 时前投降，否则玉石俱焚，悔之晚矣……"狂妄的口气、嚣张的气焰，实在令人发指！这是一封"最后通牒"，预示着一场恶战即将来临！何克希司令员看了敌人的"最后通牒"后，态度依然是那样沉着镇定。这时陆续登陆的后续部队已先后进入澉浦城，何克希司令员命令除担任守备任务以外的各部队立即集中到城内的一个广场上，他要亲自向战士们讲话。

面对广场上几百名精神饱满、整装待命的指战员，何克希司令员目光炯炯，他以豪迈的口气表扬了战士们英雄机智、猛打猛冲、不怕牺牲的战斗作风，接着把国民党调集重兵，企图在北撤途中消灭新四军浙东纵队的阴谋告诉了大家。他大声地问全体指战员："你们手里的枪是从哪里来的？"

"打日本兵、打伪军缴来的！"大家异口同声地响亮回答。

"我们在浙东打日军、打伪军有没有罪？"何克希司令员又问。

"没有罪！我们抗战有功！"

“国民党消极抗日、积极‘反共’，现在日本投降了，他们反而要消灭我们抗日有功的部队。”何克希司令员指着手里的信继续说道，“刚才国民党来信，限我们在12点钟以前向他们缴枪投降，你们说缴枪不缴枪？投降不投降？”被激怒了的战士们大声怒吼：“我们决不缴枪！我们决不投降！”

“对！我们的武器是先烈们用鲜血和生命从敌人手中夺来的，我和大家一样，都没有权利向国民党缴枪。可是国民党威胁说要向他们投降，不投降就要消灭我们，你们怕不怕？”何克希司令员继续说。

“不怕！”战士们坚定地回答。

“好！不怕怎么办？”何克希司令员又问。

“打！”广场上发出了震天动地的怒吼。

接着，何克希司令员充满感情地说：“我们是共产党领导的新四军，是一支钢铁的队伍。我们的军队从小到大，克服了无数艰难险阻，从来没有向敌人屈服过。过去我们不怕日本兵，今天也不怕国民党又搞阴谋诡计。”他用手指着澉浦四周的群山，“现在国民党的军队占领了澉浦周围的大小山头，三面包围了我们，企图以优势兵力消灭我军于北撤途中，我们背后是大海，没有退路，在这生死关头，我们只有万众一心，狠狠打击敌人，冲破敌人的重重包围，才是唯一的出路。我和大家战斗在一起，坚决把敌人打下去，杀开一条血路，完成我们的北撤任务。大家有没有信心？”

“有！”战士们的怒吼声在澉浦上空回荡着。

会后，何克希司令员与五支队的首长们详细部署了下午的作战方案，决心集中兵力攻下澉浦城北面一线的制高点，控制住公路，以便于部队的突围。随后召集了各大队干部明确任务。在紧急关头，各大队的干部们表现出顾全大局、勇挑重担的高尚风格，纷纷争当突击部队，争担最危险的任务。按照部署，由一大队负责防守澉浦西门，抽一个中队配合三大队反击，夺取扇子山、隐马山。这时，张季伦大队长一再请求由一大队主力担任出击任务，只留一个中队，和上虞自卫大队一起坚守西门。最后决定由一大队张季伦大队长和支队保卫股长杨干率领一大队一、三两个中队夺取扇子山，由支队政委邱相田和三大队梁爱博大队长率领三大队夺取隐马山，并组织火力支援一大队。二大队则负责防守澉浦北门，并作为支队的预备队，在一、三大队攻击开始后，同时向翠屏山、阁老山方向发起佯攻，以牵制分散敌人的兵力。各大队接受任务后，分别进行了临战准备。

下午2时左右，乘着控制各山头的敌人频繁调动、重新部署之际，一、三大

队（各欠一个中队）迅速分路出城，冒着敌人的炮火，飞快地越过沟渠，冲过几百米开阔地，隐蔽地运动到扇子山、隐马山下。当距离制高点三四十米时，突然向敌人发起了冲击。顿时枪声、手榴弹的爆炸声和喊杀声混成一片，响彻山野。敌人依仗着居高临下的优势，以密集的火力企图阻挡我军的进攻，然而英勇无畏的指战员们，依旧奋不顾身地往上攀登，一步步逼近敌人的阵地。大地留下了斑斑血迹，进攻的队伍里不断有人倒下，但是前进的速度并没有慢下来，怒吼的声音并没有低下去。战士们心头只有一个念头："只有向前，才有生路。只有向前，才有生路！"在英勇的战士们面前，在意志的较量中，敌人恐惧了、退缩了。经过二十多分钟惊心动魄的搏斗，一大队终于占领了扇子山主峰东侧一线高地，并乘胜向主峰攻击。这时翠屏山、隐马山一线的敌人集中了几十挺轻重机枪和各种火炮，向一大队阵地疯狂射击。接着在浓烈的硝烟和弥漫的尘雾中，一两百个敌人向刚刚攻上山头的三中队反扑过来。三中队的战士们还来不及喘一口气，就迎着密集的手榴弹、炮弹的轰炸，与冲上来的敌人展开厮杀，只见每柄刺刀上都沾满了鲜血，每个战士的身上都流淌着鲜血。激战中，中队长唐思根负了伤，可是他仍一面不停地向敌人射击，一面鼓励大家："同志们好好打，坚决把敌人杀下去！"战士们越杀越勇，越战越强，击退了敌人的疯狂反扑。

这时，何克希司令员正站在溆浦城墙上，举着望远镜，目光紧紧跟随着那些浴血奋战的勇士们，时刻注视着战况的发展。这位身经百战的指挥员此刻也有着一种说不出的紧张感觉，他相信他的士兵们有着钢铁般的毅力，能坚持到最后一个人，可是毕竟敌人十倍于我，后备力量相当强。这是他军事生涯中所遇到过的最艰难的一仗。忽然他听到警卫员陈建华在一边急声呼叫："何司令，您看，那边不是敌人的炮兵阵地吗？"何克希司令员顺着陈建华手指的方向看去，果然在扇子山与翠屏山之间的一个突出部，发现了敌人的炮兵阵地，而且还是敌人的指挥所呢！战机不可失，何克希司令员立即命令机炮连把从周巷伪中央税警团那里缴获来的几门日式曲射炮和八二迫击炮抬到城墙上来，由他亲自指挥，直接瞄准敌人阵地射击。一发发炮弹连续不断地在敌人的指挥所和炮兵阵地上爆炸，敌人死的死，逃的逃，乱成一团，指挥系统立即陷入瘫痪。接着何克希司令员又命令炮兵火力转向扇子山，支援一大队。在炮火的支援下，一大队和三大队很快夺取了扇子山和隐马山两座主峰，敌人被赶了下去。阵地上出现了短暂的宁静。

急红了眼的敌人在从打击中清醒过来后，立即又组织了更多的兵力，在更猛烈的炮火掩护下，向扇子山、隐马山发起一次又一次的疯狂反扑。子弹呼啸，战斗空前惨烈。阵地几次被敌人拉开缺口，战士们与冲进阵地的敌人展开了残酷的肉搏战，阵地上刀光闪烁，杀声震天，敌我双方扭打在一起，直杀得天昏地暗、石裂土飞。在这场拼杀中，一中队中队长陈大德、三中队指导员林大慈、七中队指导员石磊等同志相继牺牲。战斗在刀刃格斗的白热化程度中仍旧继续下去，阵地已经几易其手了。

由于一大队伤亡较大，何克希司令员命令上岸不久、刚跑步进入溆浦城的二大队五中队的一个排，在中队长顾宝善的带领下，立即前去增援一大队。接到命令后，战士们马不停蹄，冒着密集的火力奋不顾身冲向扇子山阵地，待赶到山上时，才发现有将近一半的战士已经倒在前进的路上了。在一中队指导员梁奕行的提议下，一中队剩下的十几个战士、三中队的一个机枪班与五中队临时编组，投入了厮杀中。随后，集结在溆浦北门待命的机动部队二大队四中队也被派往增援隐马山的争夺战。

说不清经过了多少次拉锯式的反复争夺，在黄昏到来之前，一、三大队终于完全占领了隐马山和扇子山。敌人在遇到惨重杀伤后，丢下了大批尸体，退缩到阁老山、大山一线。惨淡的夕阳也仿佛被刺刀挑破，喷洒出鲜红的血液，染红了天，染红了地。扇子山和隐马山上，遍地是殷红的血浆和燃烧的火苗。血与火交织在一起，愈显刚才所发生的这场战斗的残酷和悲壮。

夜突重围

天黑以后，枪炮声逐渐稀疏了，指战员们利用战斗间隙，掩埋烈士的遗体，抢运伤员，调整班排建制，补充弹药，准备再战。这天的第一顿饭菜也在这时陆续运到阵地。可是就在这时，一个多连的敌人，利用夜幕偷偷爬上隐马山一〇六高地，袭击了正在阵地上吃饭的三大队九中队。在一阵紧密的枪炮声中，一〇六高地又被敌人占领了，这不仅会使敌人的火力直接威胁扇子山的一大队阵地，而且还将会封锁整个部队向北突围的道路。九中队的指战员们深知一〇六高地的得失事关全局，他们下定了决心要夺回一〇六高地。在兄弟部队的配合下，中队长张华云、指导员夏白带领九中队的战士们，憋着一股气，向一〇六高地冲去。又是一番激烈的厮杀，经过约半个小时的战斗，九中队重新夺回了一〇六高地，保障了五支队夜间突围的重要通道。

攻占扇子山、隐马山和重新夺回一〇六高地后，何克希司令员即召集了王胜、邱相田、曾阿缪、汪志华、周毅等指挥人员开会，对一天的战况和敌情做了分析，并研究下一步行动方案。会上有的同志提出，战斗已整整打了一天，牺牲了二百多

名指战员，受伤的更不计其数，弹药也已消耗过半，因此依靠自己的力量恐怕难以突出敌人的重兵包围，现在扇子山、隐马山既已攻占，正好作为固守的依托，等待援军的到来，万一援军来不了，则与阵地共存亡。但是多数同志则认为，敌众我寡，援军又一时难以到达，守下去于我不利，与其坐以待毙，不如趁黑夜强行突围。况且敌人在夜间一般不敢轻举妄动，突围成功的可能性很大。何克希司令员冷静地分析了两种意见，指出：援军到来的可能性不大，即使能够来，也要在三四天之后，远水救不了近火，只有突围出去，才是唯一的生路，否则不仅会全军覆没，甚至会危及整个纵队北撤任务的完成。会议很快统一了思想，作出了连夜突围的决定，要求各部队做好强攻和巧突两种准备，首先要充分利用黑夜和敌人不敢夜战的特点，从敌人的结合部之间走小道悄悄地绕出去，如巧突不成，则转为强攻，拼了命也要杀开一条血路，使尽可能多的人能够冲出去。

当时摆在几位首长面前最棘手的问题是将近二百名的重伤员怎么办？丢下不管，这是革命军队的纪律所不允许的，但是要把他们全部带走又难以做到，不仅会影响整个部队的突围速度，万一途中发生战斗，则将陷入无法应付的被动局面。经过慎重研究后决定，凡是能够走动的伤员一律随部队行动，其余伤员一部分设法运回四明山老根据地的纵队留守处，一部分安置在溆浦附近的居民家中隐蔽，留下医护人员救护照顾，并由何克希司令员写信给国民党的指挥官，责成他们给予人道待遇，协助收容治疗，以后找机会设法转送浙东纵队留守处。可是这些留下来的重伤员，在部队突围后，却大部分惨遭国民党的杀害。

突围命令下达后，各部队立即进行紧张的准备。全体指战员一律轻装，减少辎重担子，把多余的武器尽量带走；随军干部团和一部分战士则负责动员当地群众，为部队突围担任向导和组织担架队。

溆浦地区长期处在敌伪顽统治之下，老百姓对兵荒马乱的事情非常害怕。枪声一响，家家户户都紧闭了屋门，唯恐有什么不测。当战士们好不容易敲开南门边一户老百姓的屋门时，一位白发苍苍的老婆婆挡在门口，苦苦哀求：“老总，饶了我吧，家里很穷，只有我一个老太婆。”战士们连忙向她解释清楚来意。老婆婆半信半疑，从上到下仔细地打量着眼前的年轻战士，喃喃地说：“是‘毛五’，是‘毛五’。”原来在 1944 年，由五支队一大队和海防大队一中队组成的海北支队在张季伦队长的率领下，曾在溆浦地区打过游击，给当地群众留下了深刻的印象，他们知道这支部队是毛主席领导的、打日军汉奸的军队，是人民的子弟兵，所以“毛五”这个名字便牢牢地印在他们心中。老婆婆赶紧到屋里叫出一位三十多岁的壮年人。

这位憨厚的澉浦汉子弄清楚事情的经过后，头也不回地带着战士们发动群众去了。每到一家门口，他便大声叫道：“快出来，是‘毛五’的部队，帮他们抬伤兵去。”不一会儿，就集中了五十多位群众，其中还有不少是妇女，都带着门板、绳索、竹杠等做担架的材料。另外一些负责动员群众的干部和战士也遇到了同样的情况。

当突围前的准备工作都就绪时，已近午夜时分，天空中淅淅沥沥地下起雨来。午夜过后，突围的时间到了。何克希司令员又对部队进行了一次简短的动员，宣布了“不准掉队、不准抽烟、不准大声说话”等纪律。随后，以二大队为前卫，纵队机关与干部团、支队机关、直属部队、三大队及上虞自卫大队为本队，一大队为后卫的行军序列，在向导的带领下，出澉浦城东门，沿着弯弯曲曲的田间小道，静悄悄地搜索前进。

走了半个多小时，突然遭到前面村庄里敌人火力的阻击，山头上敌人的机枪也盲目地扫射起来。一时枪声大作，部队不得不停止前进。经查明，原来是二大队的管理员和理发员在黑暗中掉了队，没有按照路标指示的方向走小路，而是走错了路。枪声在缺乏作战经验的机关勤杂人员中引起了一阵混乱。何克希司令员从后面赶上来，镇静地命令部队停下来，叫大家沉着，不要打枪，以免引起敌人的注意，同时派参谋寻找路标。这时从担架队里走出一位年轻的当地妇女，只见她勇敢地走到队伍前面，默默地带领着部队拐下了小道，沿大北山和小北山之间一条曲折的田埂小路继续前进。经过半夜的急行军，在天将微亮时，五支队终于越过了敌人重兵驻守的澉浦丘陵地区，跳出了包围圈。突围成功了！

天亮以后，敌人集中了优势的兵力和所有的火力，在两架飞机的助威下，向澉浦城发起了总攻，来实现他们歼灭新四军浙东纵队主力的“美梦”。当敌人沿着石板街战战兢兢地冲进澉浦城时，才发觉他们攻占的只是一座空城，而新四军早已不知去向！

涟水会师

澉浦突围以后，五支队经三官堂、泾塘桥，在三环洞和钦城渡过了盐嘉塘河，于当天到达嘉兴新篁休息，与先一天到达新篁附近的二旅张俊升旅长、王仲良政委会合。

离开新篁后，五支队和二旅经钟埭，在平湖的新埭再次分兵。张俊升率领二旅折向东行，经金山到达奉贤，在奉贤登上苏北解放区派来的大船，由海路北撤到苏北解放区。五支队则在何克希司令员的率领下，避开国民党设于铁路沿线的封锁线，经金山的亭林、奉贤的青村港，西渡黄浦江，到达预定的中途集结点青浦重固镇，与早已等候在那里的谭启龙政委率领的浙东纵队本部会师。在经过一番生离死别后，两位老战友的手又紧紧地握在一起，眼中噙着泪水，一句话也说不出来。经过一天的休整，五支队归还建制，按照北撤的计划，何克希司令员、谭启龙政委率领浙东纵队一旅继续北上。

11 月中旬，经过长途跋涉，历经艰险的新四军浙东纵队一旅终于到达了苏北涟水，与先期到达的二旅胜利会师。至此，新四军浙东纵队胜利完成了党中央交给的北撤任务。随后一旅和二旅分别整编为新四军第一纵队第三旅和新四军独立第一旅，各自投入了全国的解放战争。

（本文选自海盐史志网）

抗战英雄连队：新四军八十二壮士血战一千六百日伪军

文 / 王贞勤

当年新四军三师七旅命名“刘老庄连”

在中华民族的抗战史上，曾有过这样一支英雄连队：面对二十倍于己的日伪军，全连八十二名壮士毫不畏惧，奋勇拼杀，激战至最后一息也不屈服，最终全部壮烈殉国。这支彪炳史册的连队，就是新四军第三师七旅十九团二营四连，即著名的“刘老庄连”。2014 年 9 月 1 日，在纪念中国人民抗日战争暨世界反法西斯战争胜利六十九周年前夕，经党中央、国务院批准，民政部公布了第一批三百名著名抗日英烈和英雄群体名录，“刘老庄连”八十二烈士集体入选。

敌我相逢“刘老庄”

1941 年皖南事变后不久，中共中央军委发布命令，重建新四军军部。驻扎在苏北一带的八路军第五纵队奉命改编为新四军第三师，黄克诚任师长兼政委，下辖七、八、九三个旅。

苏北抗日根据地的日益壮大，直接威胁着日军对这块地区的控制。日军多次集结重兵，对以盐城为中心的苏北抗日根据地发动了大规模的“扫荡”。1942 年底至

1943年冬，是苏北抗战斗争最艰苦的阶段。日军在1942年底“扫荡”了山东抗日根据地后，即转向苏北抗日根据地，在那里“扫荡”半年之久。中共领导下的苏北抗日武装与残暴的日伪军进行了英勇的反“扫荡”斗争，涌现出了许多可歌可泣的英雄事迹。

1943年2月，日军第十七师团和伪军在苏北淮海区一带“扫荡”，寻歼新四军。3月16日，日伪军一千余人兵分十一路，合围进驻梁岔一带的新四军三师七旅十九团二营四连等部，企图以铁壁合围歼灭这部分新四军。四连等闻讯迅速转移，跳出了日军的包围圈。日伪军随后穷追不舍，跟踪追击。17日，四连在涟水县老张集和朱杜庄一带与敌人遭遇，激战半日，在黄昏时突出重围，转移到了刘皮镇刘老庄一带。

李云鹏的父亲李梦祥老人与“刘老庄连”指战员合影

刘老庄村是苏北平原上的一个普通乡村（今属江苏省淮安市淮阴区刘老庄乡），人口不足百户，南距淮阴城五十多里，紧靠淮沭公路右边。18日凌晨，四连带哨的班长匆匆跑来喊醒连长白思才，报告南庄的老百姓正在四散奔逃，据说敌人已到南面五里的地方。白思才一跃而起，和连政治指导员李云鹏简单碰了一下头，即派通信员传令各排马上起身，收拾行装到庄子后集合。白思才来到庄前哨位上，看到老百姓在田野里慌乱地跑着，有的拉着牲口，有的背着包袱，有的抱着小孩，敌人的枪声就在不远处挑衅似的持续响着。白思才下令收了哨，集合队伍向西北方向撤离。队伍刚出庄子，只见一条又宽又深的交通沟向西蜿蜒伸展着。指战员们都下了沟，走着走着，忽然从西南方向冲过来一股敌人的骑兵，一匹、两匹、三匹……向着这个方向快速奔来。白思才叫大家快走，尽快甩掉敌人。这时，前面的尖兵停住了，班长跑回来向白思才报告：“交通沟是断截的，走不通了！”白思才把驳壳枪掏了出来，叫大家准备好武器，伺机突围。

部队刚跳出交通沟，敌人的骑兵就冲到了跟前，白思才的驳壳枪打响了，接着大家一起开火。先头的几个骑兵中弹栽下马来，后边的见势不妙，赶紧缩了回去。敌骑兵虽暂时被打退，但后面黑压压的步兵却扑了过来。白思才看了看附近的地形，既没有院墙和树林等障碍物，也没有坟堆等小高地，战士们无处隐身，就命令队伍退回到交通沟里。白思才知道突围是暂时不可能了，只有坚决抵抗！于是，他下达了战斗命令，叫各排长督促大家选好地形，上好刺刀，准备战斗到底。他们多坚持一会儿，附近的群众就能多转移出一批。

不过几分钟，日军步兵就冲到相距不过五六十米的阵地前，白思才手中的重机枪首先发出怒吼，全连的火力一块儿猛射，日本兵成片倒下，丢下十几具尸体，溜之大吉。这两次接触战，四连无一伤亡。

十九团的前身是北伐时期的叶挺独立团和八路军的一一五师六八五团，各连配备的武器都比较精良。四连的前身是江苏丰县的一支地方武装，1939 年 10 月改编为苏鲁豫支队第一大队第三营第十连，1941 年编入新四军第三师十九团。连长白思才，江西人，十六岁参加红军，参加了长征，抗战初期又参加了平型关战役，是一位英勇善战、沉着机智的指挥员。政治指导员李云鹏，江苏沛县人，青年学生出身，曾在延安抗日军政大学学习，是一位久经战火考验的优秀政工干部。该连班排长和战士大多数是抗日战争全面爆发后参军的贫苦农民，政治素质好，在长期的对敌斗争中培养了顽强的战斗作风、坚定的战斗意志和娴熟的战斗技巧。四连有一挺重机枪，这在当时是很少见的，白思才亲自担任重机枪手。

从当时的情况看，四连要更好地保存自己，更多地杀伤敌人，最好是进驻刘老庄，以房屋、院墙等有利地形作为掩护，据村固守。但指战员们考虑到村内还有不少没来得及撤离的群众，战场摆在村内，伤亡最多的还是老百姓。因此，连队坚持把阵地选在村外的交通沟一线。

八十二壮士血战一千六百日伪军

纠集这股日伪军的，正是日军十七师团师团长川岛，他见先头部队被痛揍，气得哇哇叫，当即叫嚣："附近各路人马立即包抄刘老庄。"不久，一千名左右的日军和六百多名伪军就从四面八方聚集到刘老庄附近，形成一个包围圈。这伙日军是一支 1938 年建立的部队，士兵作战有术、装备精良，配有骑兵和炮兵，携带有山炮、九二步兵炮、迫击炮和掷弹筒等重武器。

1943 年 3 月 18 日上午 9 时左右，日军发起第一次总攻，但刚前进了三十米，

便被四连密集的火力击退。这次，川岛看到溃败下来的日本兵，不但不怒，反而大喜，他得意地对部下说："这次进攻，是我搞的小小火力侦察。这不是土八路，是一支正规部队。我寻找他们好多天了，这次一定不能让他们跑掉！"

重整旗鼓之后，日军再次发起进攻。他们投入十多挺机枪，集中火力向四连阵地扫射。在火力掩护下，日军向四连阵地爬来，当距离阵地百米左右时，四连枪榴弹集中打向日军火力点，同时轻重机枪一齐开火。日军的第二次冲锋很快也以失败告终，但四连的弹药也即将消耗殆尽。

这时，李云鹏发现阵地前沿的日军尸体上遗留了不少枪和子弹。他和白思才商量后，安排一排排长尉庆忠带领突击小组去取弹药。小组冒着日军的枪林弹雨，取回了日军抛下的枪支弹药。在后撤时，尉庆忠不幸中弹牺牲。

此后，日军又连续发动两次进攻，都被打退。我方各排的伤亡也不断增长，可战士们仍然顽强地坚守在阵地上。工事摧垮了再修；掩体毁了，用土包堵上去。轻伤员包扎好伤口继续战斗，重伤员拖着伤腿为战友们压枪弹、递手榴弹。

川岛见久攻不下，改变战术，让伪军到阵前喊话，承诺只要新四军放下武器，一定不会杀害他们。然而回答他的，却是一排子弹，喊话的伪军当场毙命。川岛恼羞成怒，用上了炮兵，他集中所有的山炮、九二步兵炮、迫击炮、掷弹筒，向四连阵地猛烈轰击。炮火的浓烟弥漫天空，昏天暗地。

在猛烈的炮击中，白思才被弹片炸伤，左手失去活动能力，昏迷了过去。苏醒后，他挣扎着爬起来，来往于壕沟内，鼓舞士气，安慰伤员，指挥战斗。临近黄昏，白思才和李云鹏再次清点部队，发现战士只剩下二十多个，并且大都负了伤，枪弹和手榴弹几近打光。他们已经与敌人苦战十个小时，还没有吃一粒米，喝一滴水，个个筋疲力尽，干裂的嘴唇冒着血丝。他们用于防御的交通沟，也几乎被敌人的炮火摧平了。

白思才下了最后的命令，把余下的子弹集中给重机枪使用，轻机枪全部拆散。步枪卸下枪栓，装上刺刀，准备肉搏战，并将机密文件和报刊全部销毁。

夕阳西下，日军发起第五次进攻，涌到了四连的阵地前沿。白思才高喊一声"杀啊"，霍地跃出战壕，李云鹏挥动着上了刺刀的步枪，紧随白思才冲了上去。在一片气壮河山的喊杀声中，战士们端起刺刀，一跃而出，与敌人展开了白刃肉搏。他们的刺刀捅弯了，就用枪托砸；枪托砸碎了，就用小锹砍；小锹砍断了，就用双手掐；手臂负伤了，就用牙齿咬……一场惊天地泣鬼神的厮杀后，四连的战士们全部倒下了。

待一切都复归宁静的时候，川岛心惊肉跳地走出指挥所，来到四连守御的阵地，企图找到点“战利品”。但是，他不仅没有抓到一个俘虏，甚至连一支完整的枪也找不到。川岛仔细清点了血泊中的新四军人数，发现与他的一千六百多精兵殊死决战了几乎一天的，竟不过是新四军一个八十二人的连队，而他的部队却有一百七十多人丢命，二百多人受伤。川岛拄着指挥刀，懊丧地站在这片被硝烟以及鲜血浸染的土地上，忽然号叫一声：“八路军、新四军，大大的坏了！”

当晚，十九团二营三连连长霍继光率部到刘老庄收殓埋葬四连战士遗体。这是霍继光一生中最难忘的日子。阵地上，硝烟还没散尽，四处丢散着被砸坏的枪，很多战士是和日本兵抱在一起死的。四连牺牲的本来是八十二人，最后收葬的却是八十四具尸体，因为有两具把敌人抱得太紧，实在分不开，只好将他们一起下葬。

八十二烈士墓正门

打扫战场时，他们发现有一名战士还活着。但这名二十四岁的战士伤势实在太重了，身上有三处弹眼、十几处刺刀的伤痕，右臂也被炸断了。他断断续续地讲述完那场惨烈的战斗后，还没来得及告诉人们他的名字，就永远地安息了。

四连八十二壮士悉数捐躯的消息传到了新四军三师七旅，指战员们无不悲痛万分。3 月 29 日，十九团在郑潭口小学召开追悼大会，隆重悼念为国捐躯的战友。新四军三师党委将四连命名为“刘老庄连”，并将每年的 3 月 18 日定为“八十二烈士殉国纪念日”，同时命令以涟水独立团二连全体指战员为主体，组建新的四连。

纪念烈士

在刘老庄战斗中，新四军指战员表现出的英勇顽强不怕牺牲的大无畏革命英雄主义精神，沉重打击了日伪军的嚣张气焰。此后，伪淮海省省长郝鹏举为向他的日本主子表“忠心”，针对这场战斗，特意“献计”日本军方：“与‘共军’作战不能四面合围，因‘共军’意志顽强，必遭猛烈反抗，围攻者必遭重大伤亡而得不偿失。”

刘老庄这个苏北地区的普通村庄，因为这次战斗，从此与英勇的四连联系在一起，当地人民坚持通过各种方式来纪念这些革命烈士。

（本文选自新华网）

新四军老兵王明才：戎马生涯十三载

口述／王明才　整理／张海滨　汪　蕾

王明才在朝鲜战场

1943年10月，十九岁的热血青年王明才第一次扛枪走上战场。当兵不到一个月，就参加了车桥战役。战役中，抓获了十几个日本兵，消灭了一个日军大佐。之前见到日本人都要恭敬低头，没想到参军以后就让日本兵跪在了面前。

转战宝应，和日军兜圈子迂回，不晓得打了多少次仗。一路南下到浦江，直到抗战胜利。北撤渡江，稍迟未能赶上船，却逃过了千人沉船之劫。

解放战争，转战江苏、山东，亲历孟良崮战役、淮海战役。在轰炸机满天的长江上，与战友们一起乘着帆船见证渡江战役大胜，胜利解放上海。

1950年，“雄赳赳，气昂昂，跨过鸭绿江”，在美军战斗机的扫射、轰炸下，两次死里逃生……

九十一岁的新四军老兵王明才的十三年戎马生涯，是一本活脱脱的电影剧本。如今，他与相知相伴六十年的老伴过着平淡、幸福的生活，且儿孙满堂，尽享天伦之乐。但是，即使用一部再波澜壮阔的电影，也难以叙述他这一生传奇的故事。我们能做的，只是描绘出六十多年来属于他的时代记忆。

童年在上海度过，因贩米被日军抓住示众

1924 年，我出生在一个城市贫民家庭，祖籍在宁波镇海。我六岁以后开始懂事，那时候就住在上海。这之前的事情记得不是很清楚，对生在镇海还是上海也一无所知。

我的父亲叫王文渭，母亲叫康小娇。据说，在我六岁以前，家里还是比较富裕的。父亲原先在上海一家保险公司上班，进出都有黄包车代步，但是后来他染上鸦片，家境就逐渐衰落。从我记事起，家里就已经很穷很苦了，父亲做点小生意，母亲一直都是家庭妇女。

那时候，我和父母住在上海法租界郑家木桥十七号，房间在房东搭的阳台上，要用木梯才能爬上去。

我在敦厚小学读到四年级，转校到法租界天主堂街的类思小学读高小，这里的老师都比较好，尤其是语文、数学、英语的教学质量蛮高。我们家这时候已经很穷了，学费都是从母亲积攒下来的钱里供给的。

1937 年七七事变后，日本侵略军为了占领中国的经济中心，迫使国民政府投降，于 8 月 13 日大举进攻上海。中国守军奋起抵抗，淞沪抗战爆发。

上海沦陷后，我们搬到法大马路东新桥头一家潮州人开的饭店楼上住。我刚好得了一场大病，当时英租界四川路有一家慈善机构，由几个老中医坐诊，不收诊疗费，只要付药费。我去看了几次病，因为没钱买药只能作罢。当时母亲已经把我扔在地上等死，但是我命大，扔在地上睡了几天，病情居然慢慢好了起来。

日本兵来了，社会秩序很乱，民不聊生。我家的日子也是越来越艰难。房租付不起，又搬到原住处另外一户人家的阁楼上，那里只有六七平方米。

法租界，是由法国人统治的，里面有很多巡捕房，都是法国人和越南人，经常有小贩被关被打的事情发生。八一三事变以后，法租界的形势也很乱，地痞流氓很多，青帮头子黄金荣、杜月笙都在那里，横行霸道。但是我年纪小，只是知道这些事情是不对的，也不敢讲。

那时候，上海还有一个特务机关——特工总部七十六号。七十六号有个头头叫吴四宝，搞暗杀、绑架，专门抓爱国人士和共产党。大家都晓得，也不敢议论。

那时候，上海的物价很高，老百姓的生活很苦。比如说大米，都被有钱人囤积起来，抬高价格。像我们这样的穷人，只能买一天吃一天。买米是要排队的，价格很贵，一般人吃不起。排队的时候，衣服上贴个号码。可是每天的大米供应是有限量的，排队排满了就没得卖，有人插队就容易引发斗殴。很多时候，我们买不到

米，只能吃面食。

由于家里穷，八九岁的时候，我就开始跟着父亲出去干活。我摆地摊卖过瓷器，到日本人的货栈里做过苦工，还到郊区跑过“单帮”——从江苏南通那边贩点肉、蛋，或者从郊区贩点米，拿到上海城里来卖，赚点差价。

上海大米很紧张，我就跑到郊区贩运大米。怎么带米呢？就是把米袋绑在身上，不容易被发现，藏起来走回上海。有一次，我经过一个日本的岗哨，被日本兵发现了，叫我站在岗哨边上示众，米也被收走了。岗哨旁边还有好几只狼狗，我很害怕，就怕他们放狗过来咬，吓得浑身发抖。那时候我想，只能听天由命了。后来还好，我站了几个钟头以后，他们就放我走了。

小时候，经过日本人的岗哨，我们都是要鞠躬的。你不鞠躬，他就要打你。所以我们走过岗亭时，都恭恭敬敬地低着头走到岗哨里面，不敢看他们。哪里会想到，后来我还会打日本兵，而且第一次打仗我们就俘虏了十多个日本兵，还打死了一个日本大佐！

十九岁参加新四军，首战芦家滩大胜日军

到了1943年，我们家的生活日益艰难，连生活来源都成了问题。父亲戒过几次毒却始终戒不掉，母亲的积蓄也已用尽，这个家庭再也无法维持。母亲只能到伯父的亲家公家里去做佣人，父亲也不知去向。听说黄浦江边有人招苦工去苏北，我就前去应聘。

那年我十九岁，时间是秋天，一起去的十几个人，有好几个是同学。后来，这些同学都一起加入了新四军，可惜在1945年9月渡江北撤的时候因为沉船牺牲了。到了苏北泰县运粮河镇，我们才知道这个地方是日军占领的一个据点。我们在那里做了一个多月的苦工，新四军攻打该镇，将日伪军歼灭。我们这些上海人中年纪大的被遣送回家，年轻的愿意留下来参加新四军的就参加了新四军。我参加的是苏中军区新四军一师一旅一团，师长是粟裕，旅长是叶飞，团长是廖政国。我被分配在一团三营七连当战士，那是在1943年10月。

不久，我就参加了对日本兵的一场战役——车桥战役之芦家滩阻击战。

那个时候，我当兵还不到一个月，也是第一次见到敌人，平时只有打枪操练。看到死人害怕不？当然是很怕的。我们新兵都很害怕，还好有老兵带我们。老兵都是很好的，在战场上都会带着我们、教我们。

芦家滩离淮安城六公里，这里河水湍急，周围一片芦苇荡，淤泥很多，人走进去就要陷入沼泽中。芦家滩中间是个狭窄的口袋地形，从淮安到车桥的公路从中通

过，对歼灭敌人十分有利。3月3日，黄昏时分，我们排奉命进入阵地。那天正好刮起了东北大风，狂风吹起黄沙，天色昏暗，沙子扑面打来，使人隐隐作痛。我们赶紧在一片黄土高坡上构筑工事，等候来援之敌。

3月5日凌晨，车桥战斗打响。5日下午，日军乘坐七辆卡车从淮安出发驰援车桥。车上约有二百四十名日军，进入视线后，我排配备的轻重机枪猛烈开火。敌人在慌乱中窜到预设的地雷阵中，一阵阵爆炸声后，敌人血肉横飞、嗷嗷大叫。当时我们在三排排长的率领下冲向敌人，大家喊着“活捉日本兵”。敌人有的举枪投降，有的逃进芦苇荡陷入淤泥，被我们活捉。这一仗，敌人伤亡六十余人，其中有一名身负重伤而死亡的日军头目三泽大佐。我们缴获了一批轻重武器和战利品。日本造的“三八式”步枪第一次成为我连的新式武器。同志们都为这次战斗胜利而高兴，一位新入伍的战士说：“过去在敌占区看日本兵耀武扬威，眼下他们就像乖乖的羊跪在我们面前。”

不幸的是，三排排长中弹牺牲，还有数名战士也牺牲了。

在芦家滩战斗中，让我印象深刻的是三排排长孙祥生。他是江苏丹阳人，二十多岁，个子不高，黑黝黝的脸。他打仗勇敢，对待战士像兄弟一样。他是我入伍后遇到的第一位好排长。

车桥战役

这么多年过去了，我还记得他的样子。

渡江支援金华抗战，在浦江战斗至北撤

芦家滩战斗后，我们就撤到了宝应，在宿营地操练。

那个时候，我刚刚当兵，也不知道是怎么回事。每天都要走上四五十里路，也不知道要走到哪里去。有一次，走了好几天，才发现部队又回到了原来的村子。后来才知道，是因为怕日本人发现我们的大本营。其实就是跟敌人原地兜圈子，绕一圈又回来了。

那段时间，隔几天就要打仗，已经记不清楚打了多少次。我们的部队，仗打得很多，大家把能丢的东西都丢了，有命就不错了，留下来的东西很少很少。

在连队生活了几个月后，由于我的字写得好，又稍有文化，所以被调到团政治处油印的前进报社当缮写员，负责刻钢板。那个时候，印团报是要做报头的，报头上面有一幅画，我就开始收集十二生肖的邮票，把它们刻上去。这个习惯，一直保留到现在。

我们一边行军打仗，到了目的地就编印报纸。写稿的大多是干部战士，表扬好人好事，宣传英雄模范事迹，报道解放区各地的胜利消息，对鼓舞士气起到了很大作用。

1945 年 4 月，叶飞率第一师教导旅三个团和地方干部渡江到浙江的长兴地区。4 月 26 日，粟裕与叶飞、金明等在孝丰吴家道会合。叶飞任苏浙军区副司令员。第一师教导旅编为苏浙军区第四纵队，司令员是廖政国。

渡江后，我们经过桐庐，越过富春江，最后来到浦江，准备攻打浦江县城。在浦江县城，我们差点儿与八大队打了一仗，后来才发现是误会。在这一过程中，我成为一名中共预备党员，两个月后，即 1945 年 9 月，我成为中共正式党员。(《浙东抗日根据地史》记载，8 月 5 日，廖政国、曾如清率四纵队司政后机关和十支队，南下浦江马涧，由金萧支队一部配合，经诸浦边迂回前进，准备围歼盘踞于诸浦边同山一带的顽“忠义救国军”许长水部。许部闻讯弃山而逃，十支队追击，歼灭一个通信连。此后，四纵队都在浙赣路西侧作战。直到 8 月 13 日，接到苏浙军区迅速集结部队、兼程北返的命令。)

在浦江，我们看到每天都有很多飞机飞过浦江，飞往上海方向，觉得情况有变。很快，我们接到了北撤的命令。

渡江后，在江苏涟水，我们部队整编为中国人民解放军第二十军五十八师一七二团。

解放战争时期转战江苏山东，渡江战役后参与解放上海

1946 年，解放战争开始，我们部队转战江苏、山东，与国民党军队进行拉锯战，其中我所参加过的著名战役有宿北战役、鲁南战役、孟良崮战役、莱芜战役、淮海战役等。

印象最深的是在山东兖州，山东的老百姓对我们很好，看见我们就叫“同志”，家里有地瓜都拿来给我们吃。我们也遵守“三大纪律、八项注意”，不拿老百姓一针一线，就算没有吃的借了粮食都要还。那时山东还很封建，我们新四军第一次到那里的时候，大姑娘都要躲到房间里去，不敢出来见人。后来就好了，晓得我们是共产党的兵，就对我们很好。

1949 年 4 月 21 日，我们团奉命参加渡江战役，渡江地点在江苏扬中。渡江是

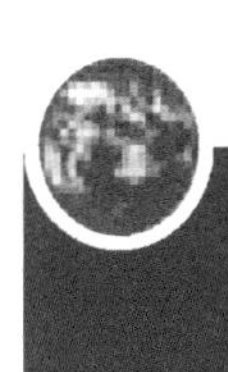

在白天，除了我们团部的一批人，前面还有战士保护。渡江时，天上有飞机轰炸，还不时有敌机俯冲扫射，我们二十多个人乘一艘帆船，形势很险恶。大约半小时后，我们在江南登陆，途中牺牲了一些同志。

渡江以后，我们没有去南京，在浙江长兴稍事休息，就直奔上海浦东。5月中旬，进攻浦东。浦东守敌是汤恩伯部队的青年军。这是一支精锐部队，武器装备先进，全是美国造的。守备阵地的碉堡很牢固，都是用水泥钢筋造的，而且设有交叉火力，固若金汤。我们奉命出击，从25日深夜开始一直打到27日下午，全歼守敌。上海解放。

上海解放后，有一天，我和另外一个同学去上海市区会见一些亲友。他们都很亲热，问起中国人民解放军是什么样的部队，生活情况怎么样，我俩一一作了解答。大家一起共享解放的欢乐。

经过市区，人们都面带笑容，见到我们一点儿都不害怕，商店学校照常开业上课，秩序良好。

有一天，为庆祝上海解放，在市区文化广场召开庆祝大会，我们也去参加了。上海市的负责同志作了讲话，我们义乌人冯雪峰也在会上讲了话。

参加抗美援朝，回忆充满泪水

上海解放后不久，我们部队被拉到江苏泰昌训练休整。没多久，抗美援朝战争爆发了。

1950年11月初的一天凌晨，我所在部队二十军五十八师奉命去朝鲜战场。在兖州火车站登上北上的列车，日夜兼程，经过三天三夜的跋涉，于7日晚上到达吉林辑安（今集安），跨过鸭绿江到达朝鲜边境江界。

一过鸭绿江，味道就不一样了。也说不上来是什么味道，反正就是和我们中国的“气味”不一样，这个时候我们才知道到了朝鲜。鸭绿江上的冰很厚，很冷很冷，汽车都可以直接开过去。

又经过七天的急行军，我们终于到达目的地——运水里。稍微休整后，我们就投入了战斗，首战是和美军王牌陆军第一师。他们的武器装备精良先进，但是军心不振、士气低落。

激烈的战斗一直打了三天三夜，我们打得美军一败涂地。他们狼狈溃逃，遗留下一大批大炮、军车、枪支弹药等军用物资，正好补充了我军的装备。其中还有一批食品罐头，有牛肉、奶粉等，可惜在冰天雪地中，都冻得像石头一样，不能立即食用，战士们很失望。

第二次战役打得很困难。我们匆忙赶到朝鲜时，温度一下子降到零下三四十摄氏度，冰天雪地，饭吃不饱、衣着单薄，可是美军却是武装到了牙齿。战役虽然取得了胜利，但我军也付出了很大的代价：有的连队一百多人只剩七八个，有的整排整班的全部牺牲，还有许多被冻伤。据记录，轻冻伤的在五十八师就有四千零四十人。重冻伤的被送到国内医院治疗；轻冻伤的，除了不能动、需要治疗的外，其余继续留在部队作战。

在第二次战役中，我们一七二团一营三连连长杨根思不幸牺牲。事后，在战场上找到他的遗体时，只剩下一只手臂和破碎的军装。他出生在江苏泰兴，之后他的家乡建立了杨根思纪念馆，供人们参观瞻仰。

在第五次战役中，我们一七二团政委李树人壮志未酬，三十三岁就牺牲在了朝鲜战场上。李政委平时对下级和蔼可亲，打起仗来勇往直前，身先士卒。在敌人飞机大炮的攻击下，不幸中弹，身负重伤，抬到卫生所抢救时，他对抢救的同志说："你们不要管我，赶快去追击敌人。"话音未落，因流血过多，光荣牺牲。他的遗体被安葬在朝鲜昭阳江的山坡上，战后他的家人和战友曾去墓地祭奠。

朝鲜战争是立体、全天候的战争，在朝鲜战场上不分白天黑夜，都能听到飞机、大炮的轰炸声。天上时刻有飞机在盘旋侦察，一发现目标就会指挥榴弹炮攻击。就算晚上，我军必经的交通要道、桥梁等地方也都被照明弹照得通明雪亮，封锁得严严实实，大部队行动起来很困难。

那时，我们都采用伪装的方法，在身上或车上盖上树枝。经过伪装，利用照明弹的间隙避开亮光，隐蔽快速地通过封锁线。人还好，最难通过封锁线的是从后方运送枪支弹药、后勤保障物资的运输车辆，这是敌人轰炸的重要目标。很多司机牺牲以后，也不知道叫什么名字，住在什么地方，他们是真的无名英雄。

第五次战役第二阶段战斗结束后，我们部队奉命北移休整，但是要走的公路是部队唯一的通道。这条通道被敌人的炮火封锁，大部队无法通过，只能翻山越岭走小路。我没有跟上大部队，和另外一个同志掉在后面。我们通过这条公路时，看到了散落在路上的车辆、马匹和军用物资，战友遗体，还有受重伤的战友。敌人的大炮不停地轰击过来，我们两个人只得静观等待，等到大炮停发间隙快速地跑步通过，可是却没能力去抢救伤员。

看到自己战友的尸体血淋淋地躺在路上，又不能带走，很难过，但也没办法！

三次死里逃生

说起来，我有三次死里逃生的经历。

第一次是 1945 年从浙江北撤的时候，当我和政治处主任朱启祥赶到长江边的时候，大船已经出发了，我们落在后面。

让人想不到的是，大船在离对岸不到三公里的地方沉没了。船上有一千多名地方干部，还有部队战士和大炮、重机枪等武器装备。我们是五十八师，船上主要是六十师的人，旅政委韦国平也在船上，没有生还。

后来，叶飞也赶到现场，廖政国指挥打捞，脸上都是泪水。这些大炮和重机枪都是战士们用鲜血换来的，是部队的命根子，一定要捞上来。

那艘大船是雇来的，到底是船坏了，还是遭到破坏导致沉船，我到现在也没有确切消息。也有可能是船太旧了，船上的人和物资太多了。

第二次是在朝鲜战场上。

有一次，我去执行任务，一个人在路上走，突然听到飞机的轰鸣，转眼就看到有四架飞机飞来，它们轮番向我扫射。危急之中，我看到路边田塍下有一个石板盖着的洞，便连忙钻进去躲避。如果没有石板，我就死在那里了。

第三次也是在朝鲜战场上。

当时，我正在房间里刻钢板，突然四架敌机飞过来，对着房屋扫射。我没有地方躲，只好躲在角落里。飞机用机枪扫射以后，就扔炸弹，把整幢房屋都炸塌了，只剩下我躲藏的角落情况还好。可是，我的双脚被炸飞的东西压得快断了。

（本文选自金华新闻网）

一生战斗百折不挠

——忆乔信明同志

文/叶　飞

乔信明

乔信明同志离开我们已经三十年了。光阴易逝，而老战友之间的情意和乔信明同志那种生命不息、战斗不止的精神，却总是让人记忆犹新。

我和乔信明同志相识在苏南茅山抗日根据地。1938年10月，我率新四军老六团从皖南军部抵达苏南茅山。不久，新四军军部派乔信明同志来我团任参谋长。记得他刚到的第二天，就遇上日军对我团驻地句容县白兔镇的四路“大扫荡”。敌军是担任京沪铁路警备任务的铁道警备旅五一大队，对我军屡屡破击铁路进行报复。乔信明身为参谋长，便担当起团部反“扫荡”的组织指挥工作。我们把部队转移到一处有利的地势，向日军发起反击。战斗持续了六个小时，毙伤日军五十多人。入夜以后，我们巧妙地摆脱了敌军包围，从敌军的缝隙中转移出来。这就是乔信明同志给我留下的第一印象。我为在作战上多了一个好帮手而高兴。

1939 年春，我老六团奉命东进武进、无锡、苏州、上海等外围地区，开展抗日游击战争。当时，陈毅同志为了冲破国民党顽固派“画地为牢”的限共政策，决定让我团使用“江南抗日义勇军”的番号。我们几个团指挥员还化了名，乔信明化名为“汪明”，兼“江抗”总指挥部参谋长。在上海地下组织的配合下，“江抗”通过一系列胜利的战斗，鼓舞了人民群众，教育、争取了游杂部队，很快打开了这一地区的抗日局面。部队也很快地从出发时的千把人发展到四千多人，武器装备焕然一新，成为一支能征善战的抗日劲旅。这中间也倾注了乔信明同志的大量心血。在东进抗日的征途中，我们既有同享胜利喜悦的日子，又有共度艰难的时刻。最使人难以忘怀的是与国民党“忠义救国军”的斗争。当时，“江抗”政治部主任刘飞负重伤，副总指挥吴英勇牺牲，主要领导人只剩我和乔信明等人。我们既要指挥作战，又要部署部队的行军路线和宿营地点，还要掌握好大量新改编的地方武装情况，工作之艰险、繁重是难以言表的，但我们还是胜利地完成了东进抗日和筹集人、枪、款的任务。

1939 年 11 月，“江抗”奉命撤至扬中八字桥，与管文蔚同志领导的挺进纵队合编，成立了新的挺进纵队，老六团改编为挺纵一团。全团两千多人，是整个新四军中武器装备精良的部队之一。在我调至纵队工作以后，乔信明同志任一团团长。在八字桥我们获得了一段较长时间的休整，我和乔信明同志也有了交心的机会，对他的革命经历也有了更多的了解。

1909 年 3 月，乔信明出生在湖北大冶一个贫农家庭，少年时是个小木匠。1927 年，大革命的风暴席卷了他的家乡，他参加了农民自卫军。1929 年加入了共青团。第二年，当彭德怀领导的红三军团在大冶成立时，他参加了红军五八纵队，从此开始了戎马生涯，参加了两次攻打长沙和三次反“围剿”斗争。

1934 年 10 月，他担任了方志敏同志领导的红军北上抗日先遣队第二十一师参谋长。在一个多月的时间里，抗日先遣队势如破竹地从江西打到皖南的太平和泾县。我军的行动使敌人惊恐万状，国民党军集中优势兵力在太平县谭家桥对我军进行“围剿”，使我军北上抗日的计划受到阻挠，部队遭受很大损失。方志敏同志为了保存有生力量，决定让部队撤回根据地休整，待机北上。在返回赣东北根据地的艰难征战中，先头部队由粟裕、刘英等同志率领冲出了敌人的包围圈，可是，乔信明同志所在的主力部队始终无法摆脱敌军的围追堵截，牺牲越来越大。这时，方志敏同志决定将所剩部队组成一个团，由乔信明任团长，上怀玉山坚持斗争。乔信明受命于危难之际，保护着方志敏、刘畴西及指挥部向怀玉山前进，苦战数日，终因弹尽粮绝而被捕。此后三年，乔信明是在敌人的囚禁下度过的。无论是在法庭上，还是在监牢中，他都表现出一名共产党员为革命视死如归、对党忠贞不渝的崇高品质。在国民党南昌行营看守所里，乔信明想方设法与方志敏同志取得了联系。遵照方志敏的指示，他将最后几天的战斗情况及被捕干部的名单做了汇报，还寻找机会对身边的同志进行革命气节教育。方志敏也设法给乔信明他们带来一元钱买菜吃，并告诉他们："我们几个负责人已准备为革命流最后一滴血，敌人一定要杀死我们的。你们坐大牢的不一定死，但要准备坐牢。在监狱中要以列宁同志为榜样，为党工作，坚持斗争，就是死了也是光荣的。"

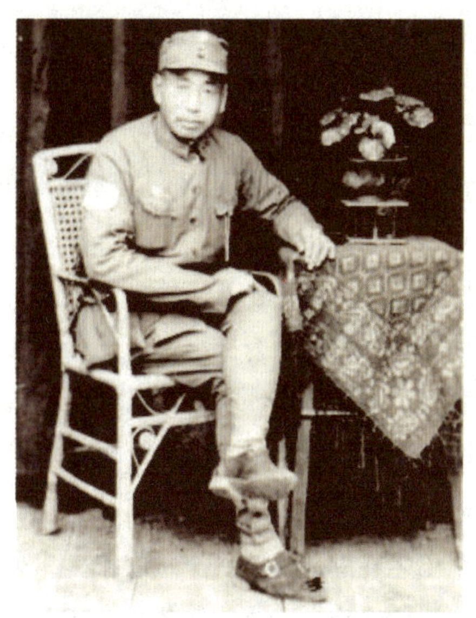

乔信明参加黄桥决战后在淮安

1938 年 2 月，在徐特立同志的亲自营救下，乔信明同志终于挣脱了九斤半重的脚镣，重返革命队伍，实现了方志敏烈士的遗志。又能够为党工作了，他是何等喜悦啊！中共中央东南局根据他在狱中的表现，立即恢复了他的党籍，并决定调他到新四军军部教导队工作。随着敌后根据地的开辟和发展，乔信明同志又意气风发地驰骋在大江南北的抗日疆场上。

有人曾经把新四军东进创建苏中抗日根据地的斗争比作一部威武雄壮的交响曲，那么，可以说郭村保卫战是东进序曲，而黄桥决战则是全曲的高潮。乔信明同

志身为挺纵一团和一纵一团的团长，始终和刘先胜、廖政国、曾如清等同志一起率领这支主力部队在这两场著名的战斗中发挥了重要的作用。

当时，郭村是地方实力派“两李”（李明扬、李长江）的防区。1940 年 6 月 28 日拂晓，郭村保卫战打响了。顽军有十三个团的兵力，我军主力只有挺纵一团、特务营共四个营的兵力，但是，我军依托交通壕沉着应战，打退了顽军的进攻。29 日晚，陶勇同志率新四军苏皖支队三个营及时赶到郭村，分担了北线的防御任务。可是，因路途遥远和日伪顽的封锁，皖东和江南的新四军及淮北的八路军是不可能赶来增援的。如果持久地固守待援，万一失利，后果不堪设想。在纵队指挥部召开的战情分析会上，乔信明同志根据当年抗日先遣队作战的亲身体会，建议迅速打破顽军包围局面，向南打开一个缺口。纵队领导接受了这个建议，部署挺纵一团实施局部反攻。乔信明团长和刘先胜政委各率一营部队，乘顽军后方空虚之际，向扬泰线出击，直取宜陵，撕开缺口，打通与吴家桥地区的联系，击溃李长江部三个团。与此同时，我地下组织控制的两支部队举行战场起义，使我军兵力达到五个团之多。7 月 2 日拂晓，在李长江的亲自督战下，顽军整团整营地猛攻郭村，战斗进入白热化状态。乔信明率部火速返回郭村，从顽军侧背猛烈进袭，打得顽军到处乱窜。在我军两面夹击下，顽军的总攻彻底破败了。

郭村保卫战胜利以后，我军在塘头实行统一整编，乔信明任苏北指挥部一纵一团团长。他率领部队又投入了东进黄桥、创建苏北根据地的伟大斗争。1940 年 10 月 3 日，顽固派韩德勤利令智昏，调集二十六个团共三万五千兵力，大举进攻黄桥新四军。我军被迫实行自卫反击。10 月 4 日晨，乔信明等同志率一团隐蔽集结在黄桥北边的樊家镇，等待独立第六旅的到来。该旅装备整齐，步枪是清一色的中正式，机枪是崭新的捷克式，享有“梅兰芳部队”之美誉，是韩军的嫡系部队。直到下午 2 时顽军才像一条长蛇一样，蠕动进入我军的伏击圈。一团指战员如猛虎下山似的冲向敌军，将其拦腰斩断。顽军遭受突然打击，魂飞魄散，晕头转向，还未来得及抵抗，便乱哄哄地逃窜。我军冲入敌群，用白刃战杀得顽军举手投降，仅三个小时就全歼独立第六旅，俘顽军约八百人，旅长翁达也“杀身成仁”了。10 月 5 日凌晨，一团担任主攻顽军总部的任务，经过三次攻势，突破顽军防线，接着向突围逃跑的顽军穷追猛打。顽军总指挥、八十九军军长李守维慌不择路，连人带马淹死在挖尺沟里。我军取得了黄桥决战的决定性胜利。新四军、八路军在苏北胜利会师，共同完成了开辟苏北敌后战场的伟大战略任务。

然而，未曾想到，正当信明同志全身心地投入苏中抗日根据地的建设中时，由于连续的行军作战，特别是在狱中那九斤半重脚镣埋下的隐患爆发了。他下肢瘫痪，双脚发肿，不得不离队休养。我们与并肩东进北上、患难与共的老战友不得不分开了。在此后漫长的革命道路上，尽管他遭受病痛的折磨，可是他仍然坚持在病榻上学习文化和理论知识。只要身体稍有好转，他又继续为党工作。1945 年 8 月，抗战胜利时，乔信明担任了苏中军区后勤部部长兼政委，坐在担架上开始了新的工作。1947 年 9 月，华东野战军总留守处在山东渤海成立，他任负责人，挑起九万多人的生活、工作和学习的重担。中华人民共和国成立以后，乔信明同志到上海开刀治疗，在瘫痪七年之久以后，他奇迹般地重新站立起来，又投入建设人民空军的行列。1955 年，他被授予少将军衔，担任了南京军区空军后勤部政委。

乔信明同志顽强战斗，是一名百折不挠的真正的共产党人。在乔信明同志辞世三十周年之际，我写下这段文字，谨表达我对老战友的敬意和思念。

（本文选自《人民日报》）

新四军在东山的故事

文 / 薛利华

1944年秋，新四军太湖支队集中干部培训于太湖中的冲山岛上，因叛徒出卖，遭日军合围袭击，损失惨重。为夺取抗日战争的最后胜利，迅速重组后的中共太湖县委、新四军太湖支队决定派新四军科长徐亚夫以治病为名，于11月初由东山人阿桐生接应，到东山进行实地侦察，进而为开辟东山敌后抗日武装斗争的根据地做准备。

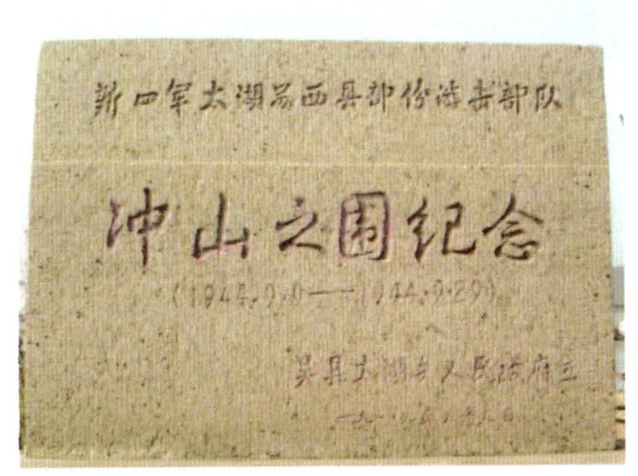

新四军太湖冲山之围纪念碑

继七七事变之后，又发生了上海八一三淞沪会战，各处避难者纷纷来到东山。其中有一批进步青年与当地一批爱国青年结合，以先辈们顽强不息、斗争不止的精神为指引，云集在一起开展抗日救亡运动。他们创办“洞庭图书室”、出版《新东山》油印刊物、歌唱《义勇军进行曲》、表演《小黑子从军记》等，传播爱国抗日进步思想，为坚持抗日持久战播下了火种。在日伪统治期间，也正是这些有志向、有作为的青年成了继续战斗的接班人。阿琪、小虎、阿龙等优秀青年，则代表着醒悟中的东山人，热忱地欢迎新四军的进驻，并主动积极地配合新四军和民主革命政权组织，共同打击日伪顽反动势力。在仅一年的岁月中，他们留下了一系列抗日斗争的动人事迹，为人民立下了不可磨灭的功绩。

神秘的来客

秋雨之夜，丰圻咀外湖近三十米处，突然有电筒光闪了三下，约一分钟之后，又闪了三下。蹲在丰圻咀滩涂芦柴荡内的阿桐生见到两次闪光之后，也用电筒闪了三下，而后又闪三下。于是太湖中的渔舟开始向丰圻咀逐步靠近。此时的阿桐生如释重负地从芦柴荡中出来迎候。阿桐生是东山石井村村民，农闲时在太湖中撑船，做些柴米油盐的生意，所以对太湖诸岛都很熟悉。阿桐生抗战前曾在东诸阳山一带当过乡长，他为人仗义、忠厚，遍湖岛上都有他的朋友。与徐亚夫相识，也是由于做生意。几经交往后，徐亚夫对阿桐生很赏识，认为他是有胆有识有正义感的人士。而阿桐生也通过太湖里发生过的多起抗日斗争活动，确认了新四军是太湖唯一一支真枪实干的抗日队伍，所以，只要新四军需要，他都敢冒风险尽力去满足。

此次东山相约，是一周前马山新四军首长跟他敲定的，并把徐亚夫托付于他。徐亚夫的到来，也是阿桐生热切盼望已久的。徐亚夫的先祖曾在太湖抵御倭寇时壮烈牺牲，如今日军又将铁爪伸到东山，他万分痛心。此次徐亚夫到东山，一切均由阿桐生安排，阿桐生既要保证其安全，又要全力支持他完成任务。到东山之夜，经阿桐生介绍，徐亚夫认识了石井小学教书先生阿琪。阿琪是东山青年中第一个接触新四军、参加新四军的人，而后，又发展了小虎、阿龙。徐亚夫在东山公开活动，阿琪、小虎、阿龙成了他忠实的助手。

访友摸敌情

既然是来看病，所以第一个公开接触的，就是东山保安医院的张医生。张医生是受洞庭山旅沪同乡会之聘来保安医院服务的，医术也比较高明，所以来东山后结交的朋友也不少。伪警局长有次受伤也是张医生替他看的，张医生还常去伪警局替其换药，所以他对伪警局也比较熟悉。特别是伪警局内部管理情况，如人员分布、弹药仓库等，张医生都能说出个一二三，这对日后伪警局缴械之役帮助很大。务本小学校长冯先生是位“路路通”的人物，他社交广泛，吴县东山、县区两级政界、军界他都有交往。徐亚夫对务本小学坚持办学、坚持用汉语课本的行为表示十分赞赏。在阿桐生、阿琪等的热情帮助和带领下，徐亚夫此番东山之行少了许多困难。他对东山的敌伪驻军情况有了一个基本了解：敌伪驻军有一伪警中队，警员时多时少，最多也不满百人；有一定数量的武器装备；驻地在渡水桥东；日军大部队常驻

苏州，东山日军不多，平常对外以连的编制相称，而实际兵力不足一个排。此外，还有国民政府“忠义救国军”一个分队三四十人常出没于俞坞，以及土匪部队金阿三残部对东山时有扰乱。在此次走访中，徐亚夫结识了伪区长张子平及其侄儿张景芳。张子平、张景芳与阿桐生同是后山人，既是朋友，又带亲戚，“两张”住白沙，与石井相距不远，仅五六里路，平时交往甚多。阿桐生在外善交朋友，对张子平、张景芳他们有一定影响，相互间又多有照应，他们这几个人的共同点是富有民族正义感、反对日军侵华、支持新四军抗日。徐亚夫在离开东山之时，故意当着阿桐生的面，邀请“两张”到马山访问。时隔不久，“两张”果然在阿桐生的陪同下，成功访问了马山，从而确定了新四军进驻东山、开发东山抗日根据地的大政方略。

觉醒中的青年

阿琪是1937年抗日战争全面爆发时，由沪返东山避难的青年之一，是位爱国热血青年。他有志气没地方发挥，有力气而无地方使用。他目睹现状，再也未返上海，而选择留下教书。最使他不得其解的是所谓国民政府的“忠义救国军”，竟然打着“抗日救国”的旗号不抗日，与日伪勾结在一起。是新四军徐亚夫为他指点迷津，使他成为一名光荣的新四军战士。从此，他如鱼得水，在战斗中学习，在战斗中成长。在新四军来东山之前，阿琪、小虎、阿龙等，虽说不上有组织、有计划地抗日，与日伪做斗争，但是为了发泄内心的不满，他们也时有出其不意的作为，让日伪汉奸走狗闻风丧胆，不得不有所收敛。

山轿翻坞

东山大尖顶慈云庵有通宵伴观音的习俗，每年农历六月十八日晚，众多善男信女从四面八方向大尖顶蜂拥而去。东山伪警以维护秩序为名，常去寻事敲诈。阿琪、小虎、阿龙他们满腔怒火无处发泄，就决定瞅准这个机会，狠狠地惩治一下伪警，也好出口恶气。他们事先看了地形，做了分工，以农家孩子出来捞外快的样子，让两三个人抬了一顶山轿守候在二尖顶。

下午6时半左右，伪警局局长王胖与十多个伪警吆五喝六地向山上走去。正当转弯下坡要上大尖顶时，阿琪等人把轿子抬到路边，故意让王胖看到。此时王胖一路过来，已经走得很吃力了，正好看见轿子，就想坐轿子上山。既然要坐轿就得付钱，但王胖不肯付，却又逼着要坐轿，经过一番口舌，两个小青年似乎被逼无奈，只得抬着王胖上山。王胖一上来，小青年便故意加快步子。几个伪警见局长坐轿走了，并不着急，慢悠悠地跟在后面。待到轿子距离警员五六十米之际，小伙子们开始摇晃起轿子来。其时有一小伙阿龙从轿边过去，冲着王胖借火点烟，又迅速将着了火的香烟交与小虎，小虎又趁轿子上坡速度放慢时，用烟头点着事先放在轿身下面的鞭炮。突然鞭炮声四起，抬轿人装着受惊的样子，把轿子丢下山坞，撒腿就跑。后面的伪警发现前头出事，赶紧追上来，局长和抬轿人都不见了，伪警急得团团转。王胖侥幸被果树托住，滚了十多米挂在崖上。王胖虽然没跌死，却也吓得半死。沿路香客都在笑，却没有一个肯去拉他一把。王胖被伪警们抬到岭上时，已跌得鼻青脸肿。他受伤不轻，衣服也被树枝划得“支离破碎”，却又不敢张扬，生怕日本兵责备，只得自认倒霉。驻东山日军得此消息也一笑了之，认为这是王胖自讨苦吃。不久王胖就被调离东山。

水草阻艇

日军驻守东山时，有几艘快艇，要天天开到太湖里去“巡逻”，闹得太湖很不安宁。快艇停在渡水桥，摆渡口是出口处，向南往吴江，向北出菱湖往西山。每次“巡逻”都环东西山一圈，有时东西各一艘对开，有时两艘一起开。若遇上民船，不是上前去盘问、检查，就是开足马力，卷起大浪去冲击民船，作弄一番。阿琪他们看在眼里，恨在心里：自己的太湖，任由他们来胡作非为，实在不甘心。于是三个“臭皮匠”又在一起谋划了一个计策，他们利用夏季在太湖游泳的机会，与在太湖里刈水草的村民们商量好，请他们配合把刈好的水草用绳子相互一团团牵住，固定到渡水港出口处二十米之外。某日中午，十多个日本兵驾着两艘快艇，艇头上架着机枪，开足马力冲出港口。没多久，快艇就开不动了。快艇还在轰鸣，但快艇的螺旋桨不动了。日本兵想把螺旋桨撬上来，却因水草太重而撬不起来，快艇始终动弹不得。日本兵很恼火，却又没有办法，只得到附近村里找来村民，要他们下水把水草拉开。村民们潜入湖内七弄八弄地磨蹭了两个多小时，两艘快艇才被拖到港边。

新四军太湖游击队纪念馆

棉衣藏盐

1944 年 11 月，自新四军进驻东山以来，东山与外面的联系不断增多，尤其是一些军需物品、药品、粮食和食盐的运输显得越来越重要。太湖渔船成了主要的运输工具。太湖渔民，尤其是席家湖头的小网船渔民的生活很艰苦，他们无论男女老幼，在旧社会一年到头都没有穿过一件完整的布衣裤，平时穿的衣裤也多数是岸上亲戚朋友送的。由于受环境条件的制约，他们吃穿住都在一条不足十五平方米的小船上，渔具、网具、摇船工具要占去一半面积，他们真正的活动空间只有十平方米左右，祖孙三代挤在一起生活。就那么小一个船舱，没有存放余粮的地方，碰到雨雪天气，一天不捉鱼，就有断粮的危险。冬天的棉袄，到夏天就成了布条，男的一身光，只穿一条短裤，孩子不分男女，统统光着身子。雨雪天气衣服湿了，只能在铁锅里烤，放在灶口烘。烘烘拆拆、缝缝补补的衣衫布料会变硬变脆，容易折断。可是渔民没有办法，他们没有一件完整的衣衫。也正因如此，渔民便成了运盐送新四军的“专业户”。

渔民怎么会替新四军运盐呢？让席家湖头渔民运盐是席家大少爷阿彪出的主意。阿彪是位倾向进步的优秀青年，他与阿琪他们是同学、朋友，他多次要求参加新四军，却因家庭出身而未被批准，但他没有灰心，继续做他想做的事。当他听阿琪讲了新四军缺盐，没办法运输的事后，就通过席家湖渔村的朋友来帮忙。他教他们把破旧的棉衣、棉被浸泡在盐水里，让棉衣吸收盐水，外表一吹就干，不容易被发觉，送到新四军那里后再把盐溶出来。所以当时很多船只都这样，一边在太湖捕鱼，一边把棉衣送出去，一切都很顺利，但是也被日本兵怀疑过。席家湖头就有孙氏两兄弟被日本兵抓去审问过，但是日本兵始终没有想到去检查渔民的棉衣、棉裤，没有直接证据，日本兵只得放人。

阿琪、小虎闯关卡

在日军占领期间的一个夏天，东山阿琪、小虎、阿龙他们七人相约去后山碧云洞外的太湖滩游泳，傍晚顺山道往后山转时，决定去闯闯启园附近日军设点的卡子。当年启园是日军的驻地，日军在后门处设立了卡子，对来往行人一一检查，行人要向日军鞠躬示好方能通过。此次阿琪、小虎一行就是因不愿鞠躬而被卡住。双方对峙发生争吵，阿琪、小虎他们认为我走我的路，为啥要鞠躬。争吵声惊动了启园内的日军头目，他出门一看，见是一些毛头小子，就决定暂且把他们收押起来，再与地方联系。阿琪、小虎在启园里一直喊着：“放我们出去！我们犯了什么法！为啥要抓我们？”当晚9时左右，地方人士张子平、席裕昆（启荪）等人前来保释。日军头目也就顺水推舟把他们放了。然而，七位青年不畏日军淫威，敢闯日军关卡的壮举，传遍了东山的大街小巷，人人都称赞他们是东山的小“七君子”。

小卢投笔从戎

小卢在东山后山参加了新四军，一时被传为佳话。

小卢，名阿菊，参军前是上海钱庄的职工，有着一份很不错的工作。可是面对亡国奴的生活，他毅然走上了投笔从戎之路。有人认为可惜，也有人认为是必由之路。而小卢认为自己之所以要参加新四军，投入抗日，是因为自己有良知。抗战初期，小卢为避难由沪返东山。他到东山不久，东山就连遭日机两次轰炸，炸死无辜百姓四人，其中有一位是他的族姐。小卢约小虎一起赶去帮助料理后事时，目睹两具面目全非的尸体躺在地上，附近的银杏树干上，还挂着被害人的心肺肚肠。

1944 年冬，住在渡桥的小卢一家，因有通共之嫌，被突然冲来的日军焚烧。国仇家恨，激发了小卢报仇雪耻之心，于是在小虎的指引下，他走上了抗日救国之路。1945 年冬，小卢随新四军北撤，途中光荣地加入了中国共产党，之后又参加了解放战争。

警局缴械

1944 年 11 月新四军进驻东山之后，建立了抗日民主政权——洞庭办事处，之后决定组建东山地方人民武装力量敌后武工队。但枪支弹药怎么办？办事处主任、中共太湖县湖东工委书记徐亚夫想到了东山伪警局。徐亚夫召开了一次联席会议，商讨决策，他们分析了情况之后，决定斗智斗勇，到伪警局去缴械。徐亚夫做了具体部署。

东山伪警局在渡水桥东侧，伪局长姓张，因较瘦，人们称他为“瘦猴”，是个贪得无厌的家伙。此次行动由侦察队长丁步林率领，以短枪班为主力，由石井小学老师阿琪带路。短枪班事先隐蔽在西街金家店前陆家大园一座住宅内，伪装在赌博。丁步林另外派人去伪警局报告“瘦猴”，让他来捞一笔。“瘦猴”这几天正缺钱用，得此消息十分得意，心想此乃“天助我也”。下午 4 时左右，“瘦猴”带着五六名伪警直奔金家店前大园。为防范不测，“瘦猴”并没有一口气直冲过去，而是在离大园三十米之处隐蔽，并派两个手下先过去听听动静，确定是否真有人在赌博。在得到确定的消息之后，“瘦猴”一声令下，六七个人便破门而入，只见十多人围着桌子在押牌九，桌子上还堆着很多钱。“瘦猴”心灵眼快，抢先一步，把快慢机枪往桌上一架，同时又压住赌资，正要发出狂笑，突然两支手枪对准了他的左右太阳穴，一声“不许动”，吓得他屁滚尿流。跟进来的伪警被一一缴械，“瘦猴”这时才醒悟。丁队长缴了“瘦猴”的枪之后，开始对他们训话，厉斥“瘦猴”他们欺压百姓的罪行，宣传新四军抗日的政策，要他们彻底醒悟，不再欺压百姓，好好地配合新四军抗日武装队伍打击日军。“瘦猴”按丁队长的指令，让伪警脱下制服。丁队长押着“瘦猴”他们到伪警局将所有枪支弹药一起搬到船上，随后又带着“瘦

猴”一起乘船往摆渡口沙港圩方向开去，到港口准备入太湖时把“瘦猴”丢在沙港圩外滩，警告他说：“今天留你，看你今后行动。”“瘦猴”伏地，连声求饶。

奔袭俞坞

20世纪40年代中期，新四军太湖支队为配合东山抗日民主政权的巩固和壮大，曾派苗连长带兵驻守东山。有一次，中共太湖县湖东工委书记徐亚夫召集苗连长、办事处司法科长张景芳、太湖县东山区区长张子平等开会，研究决定在成功对伪警缴械之后，再组织一次对日伪军的伏击战，以提升新四军在东山地区的声望。具体战斗的组织和部署，均由苗连长负责。为打好这一场伏击战，苗连长在张子平、张景芳的陪同下，对俞坞做了一次实地考察，还制订了两套伏击战方案：一套是让日伪进入伏击圈内打埋伏；另一套是万一伏击被敌人发现，或反遭敌人包围的应对方案。第二套方案就是及时应变，变伏击为奔袭，充分发挥新四军的运动战优势，跑在敌人的前头，给敌人以措手不及的打击。实践证明，预设两套方案是必要的。

伏击战那天上午，新四军六十余名战士埋伏在俞坞果木丛中。哨兵许小毛，吴县善人桥人，是1943年入伍的老兵，冲山被围事件发生时，他正好在苏州出差，才躲过了一劫。此次是他被提升为班长之后，第一次参加战斗。在哨兵岗位上，他全神贯注地警惕着。下午2时左右，他突然发现陆巷方向的岭上，有二十多人沿山下岭向三观堂方向过来。许班长马上隐蔽起来，跟踪观察动静，发现是日本兵与伪军化装的便衣队。理智告诉他，他们可能是来袭击的。想到这里，他又想起苗连长有第二套方案做预备，于是便决定开枪报警。他连开两枪，击倒了两个敌人。日伪军遭到许小毛的突然袭击，知道遇上了新四军，慌忙伏地回击。苗连长听到枪声后和许班长碰头，知道发现了敌情。苗连长下令，采用第二套方案，留两个加强班与在岭上伏击的日伪军正面交锋，其余人员统统从廿四湾一侧绕道转到三官堂岭上，从背后向敌人奔袭。日伪二十余人在陆巷伪保长那里酒足饭饱之后，本来准备在前山休息，此番与新四军相遇，实在是命中注定。枪声大作，敌人二十来人的酒被惊醒了，可是手脚无力，糊里糊涂被阎王老爷勾去了魂。有两名伪军跌倒在山坞里保住了命，逃回前山，反而被驻东山日军头目以通共之名当场打死。俞坞之战使新四军名声大振，驻东山日军只得踞守在碉堡里，再也不敢随便闯入村里活动。

锄奸除害

日伪时期，东山区伪区长董伟，是日本帝国主义的忠实走狗。他变本加厉、想尽办法来欺诈百姓，鱼肉人民。他利用渡水桥检问所这个卡子，任意增收税费，凡过往船只都要拦住检查，发现有农副产品在船舱里，他都要收取农副产品税和水产税；没有什么东西可以收税的，他要收船捐；实在收不到什么时，船里有鸡蛋，他要拿几个去，船里有米，他也要收一点去。老百姓人心惶惶。

新四军洞庭办事处得知此情况后，曾派人实地调查，发现董伟的行为真是令人发指。

当年，日伪区公所设在前山薛家祠堂，而伪区长董伟却以便于管理为名，在渡水桥徽州会馆内设了一个办公室，这里成了他肆意宰割、鱼肉百姓的场所。一天早上7时左右，阿四和老二两名东山籍新四军战士，乔装打扮成农民模样，手提勾篮、拎着礼包直匆匆向徽州会馆走去。来到门口，他俩主动上前与门卫打招呼，说是来给区长送礼的。门卫见是山里人，便没有在意，让他们进去了。然而进去的只有一人，另一人留下陪门卫聊天。进去的是阿四，他一肩挎着勾篮，一手提着礼包直闯大厅东侧董伟的办公室。其时董伟刚洗脸刷牙结束，正坐在藤椅里抽水烟，冷不丁进来一个人，上前轻声轻气地叫了一声董区长，并说“老板叫我来给您送大鲫鱼”。董伟是吃惯白食的人，所以也不以为意，连看都不看一眼，只是“嗯”了一声。阿四见状，新仇旧恨并发，装着弯腰去勾篮拿鱼，拿起手枪上前一步，对着董伟脑袋连发两枪，将其当场击毙，并留下警告字条一张——“凡敌伪军政警宪，投靠日军，坚持与人民为敌者，就是此人下场”。几乎与此同时，留守的老二亦迅速将门卫打昏。阿四和老二利索地完成任务，返回驻地。

国民党“忠救军”孟少先，也是一个十恶不赦的家伙。他手下有个中队长武某，既是孟少先的忠实走狗，又是他的狗头军师。孟少先作恶多端，武某的鬼主意也起了不少作用。新四军洞庭办事处从大局出发，考虑到孟少先可能会为我所用，就决定以分化瓦解之法处之，暂留孟少先一命，以示警诫。某日，有人约武某去东山清泉浴室洗澡。擦背、修脚、敲背、跌膀全套之后，开始喝茶听唱。正当十分得意之时，一位跑堂上前对武某说中队长在包房，请他过去一下。武某听说包房有人，误以为是上司，就跟着过去，结果却被新四军武工队扣押。武工队肖队长开门见山地对武某说，新四军要袭击孟部，要他做内应，并给予一定的酬谢。武某满口答应，结果他没有履行承诺，通风报信让孟少先跑了。新四军此计有两步打算：武某若真能配合，消灭孟部也是一件好事；若武某违约则取第二步，把武某做掉，这叫师出有名。事后武某一度隐居不出，躲避风头。后来有积极分子报告，武某躲在席家湖头渔村姘头那里。于是，阿琪、小虎他们通过渔村青年积极分子领路，破门入室，将武某抓住，拖到野外击毙。

新四军进驻东山后，前后共惩处了伪区长二人，伪乡长、保长各一人、“忠救军”一人。

抗战胜利

1945 年 8 月底，东山街面上人山人海，红旗招展，锣鼓喧天，带着笑脸的人们，从四面八方赶来。众人议论的中心是日军投降了。沉默了多年的村民们这下子好像大河开闸那样，闷在心中的怨气、宿气，终于可以尽情地释放了。人们异口同声地喊着：“天亮了！天亮了！”一队队学生举着庆祝胜利的标语旗一面行走，一面高呼，到处呈现胜利景象，多年来第一次如此振奋！如此激昂！如此欢笑！

（本文选自苏州东山政务网）

新四军女兵陈模的传奇人生

口述/陈　模　整理/杨玉秀

家乡沦陷

我叫陈模，1920年5月7日出生于江苏丹阳鱼巷一个破落的大家庭。我是独生女，六岁上私塾，七岁入丹阳私立正则女子中学附小。十岁时，参加丹阳演讲比赛，获得银奖杯。小学毕业，考入江苏省立苏州女子师范附中，学习优秀，得二等助学金。毕业后，考入该校高师。1934年春，在镇江参加全省童子军大检阅，我是学校的旗手（有时是乐队的大鼓手），站在队伍的前面，接受蒋介石和夫人宋美龄的检阅。

1935年陈模在苏州女子师范附中

在苏女师受到“一二·九”学生运动、“七君子”事件和“双十二”事件的影响，我的思想趋向进步。抗日战争全面爆发后，苏州沦陷，学校停课。1937年12月11日，丹阳城被炸，我家的房屋被日军放火烧光了。母亲和我逃难到延陵镇，我给房东徐郎如先生家当小保姆，抱小孩、洗尿布。日子没过多久，当地的一户有钱有势的绅士潘家（他家的儿子在苏州中学上学，可能认识我）派人来说媒，并放风说：“先礼后兵，同意的话，花轿迎娶；不同意的话，就抢亲。”徐先生很害怕，很替我担心。我说：“你们不要害怕，我只有一条命，大不了我与他们拼了。如被抢去，我砸他的锅，放他的火，宁可一死，也不嫁他。”他们听后，夸奖我厉害，有骨气。徐先生考虑到万一真出了事，他可担待不起，就委婉地把我辞了。我只好到同学林丽月家暂住。

参加新四军

1938 年 5 月，新四军第一、第二支队在陈毅、张鼎丞等的率领下，挺进苏南敌后。6 月 13 日，一支队二团一个营来到丹阳南部延陵镇。团政治处主任肖国生亲自登门拜访延陵的头面人物，其中主要的一位是贡友三，另一位是王作舟。贡友三当过国民党丹阳二区（延陵）的区长，是工商业家，据说很有爱国心和正义感。王作舟当过中学教师、小学校长，据说在大革命时期参加了共产党，1927 年后，专门从事教育工作，在延陵也颇有威望，抗战开始后他主动组织了延陵抗日自卫队。新四军领导干部做好对他俩的统战工作后，报请国民党第三战区重新任命贡友三为丹阳二区区长，并组织了有三百人、由新四军干部领导的延陵常备队。接下来，做群众工作，由肖治平等几个人组织成立群众工作组，到延陵镇上和附近村庄宣传共产党的抗战主张和政策，宣传新四军是保护民众的真正抗日的队伍，还动员爱国知识青年到一支队举办的“政训班”去受训。很快，延陵周围民众都知道来了抗日的队伍新四军。

1938 年 6 月 22 日，新四军一支队在延陵镇召开群众大会，我也跑到大会上去听消息。陈毅司令员慷慨激昂地说：“现在中华民族已处在生死存亡的关头，日本兵已打到我们的家门口，我们坚决不做亡国奴！国家兴亡，匹夫有责，有志的青年男女，积极行动起来吧，抗日打日军！”我听后，心情十分激动，热血沸腾，决心参加新四军。7 月上旬，我到芳仙桥找到母亲，母亲不知道我要参加新四军。我怕她为我担心，就撒了个谎，对母亲说：“妈妈，我找到工作了，在宝堰当小学教师。”她听后很高兴，兵荒马乱的，能找个养家糊口的工作就是万幸啦，于是就给我三个大洋，并嘱咐我一定要注意安全，好好工作。第二天，我回到延陵，和孙铁流、孙健、王捷三位女同学离开延陵，风尘仆仆地走了一天，在夕阳西下时，到了茅山宝堰附近的新四军一支队司令部驻地前隍村。

司令部、政治部机关的同志见我们是从丹阳来的四个十七八岁的小姑娘，考虑到可能是受到新丰战斗胜利的鼓舞，一时冲动要参军，就婉言谢绝了。这时部队正在集合，队伍前面的一位领导模样的人看到我们，就微笑着走了过来，一问竟然是一支队首长陈毅司令员。我马上立正说：“陈司令，我们是来当兵的。”陈司令严肃地说：“要当兵，欢迎欢迎！不过当兵，可不是闹着玩的，干革命要一不怕苦，二不怕死，你们行吗？”我大声说：“行，不怕死，怕死就不来了！”陈毅司令听后哈哈大笑，说：“要得，收下你们四个女兵。”虽然走了一天路，又饥又饿，筋疲力尽，但能在陈毅司令麾下，当了第一批女兵，我们心里甭提多高兴了。从此，我们四人被编入部队，和男同志一起进行一系列的军事训练。尽管训练很苦，生活条件也差，但我们心里却是甜丝丝的，高兴得很。

命悬一线，敌围脱险

1938 年 9 月 11 日，日军集中了三千多兵力，分五路进攻宝堰镇前隍村一支队指挥部驻地，对我茅山地区进行第一次大规模“扫荡”。清晨尚未吃早餐，就发现敌情，陈司令立即命令司政机关迅速分路撤退。出村不远，我们就被包围了。我遵照陈司令讲课时说的“利用地形地物、机智灵活”等话，立即卧倒。这时只听“哎哟”一声，就见王捷身上流血，跌倒在地。接着孙健也扑通一声栽倒在地，脸上有血流下来。枪声停后，我便扶着她们到前面不远的竹林里暂时隐蔽，不料忽然传来“叽里呱啦”的说话声和“嚓嚓”的皮鞋声，由远及近，是日军在搜索。我想到陈司令“一个革命军人，宁死不屈，决不投降当俘虏”的教言，便对孙健、王捷说：“我们宁可死，决不能当俘虏。日军来时，就装死，千万不要出声，不要动，即使刺刀插进胸膛也不叫一声。”我抹了几把她俩流出的血，涂在脸上，侧身躺在地上。不一会儿，敌人进入竹林，有一个日本兵用脚踢我，我屏住呼吸，紧闭双眼不动，另两个日本兵也去踢她俩，她俩也不出声，敌人便走了。自参军以来，我们经受住了第一次生与死的考验。

战斗结束后，一位老乡进入竹林，告诉我，前面的稻田里有两个伤员，山下还有一个伤员，我决定在原地等待。我坚信，首长一定会派人来找我们的。果然，军医处长王聿先身穿便衣匆匆走来，我飞快跑过去，紧握住他的手说：“我们几个同志负伤了。”王处长说：“敌人多路包围，部队突围冲出去了，陈司令没有看见你们，放心不下，又调来部队把敌人打退了。战斗一结束，就派我出来找你们。”我听到陈司令对我们新兵这样关心爱护，感激地流出了眼泪。

我和伤员都住在老乡家。二十多天后，孙健提出愿意回家养伤，陈毅司令派我护送孙健回她在丹阳城的家。我精心照料她。一星期后，陈司令派敌工科长邱东平来接我，把我送到离丹阳城三十多里的一支队战地服务团驻地。团长吴仲超经过细致的考察，认为我表现好，启发鼓励我加入中国共产党，并提出愿意做我的入党介绍人。1938 年 10 月中旬，我和其他几位入党的同志，在鲜红的党旗下，高举右手，庄严宣誓：“我志愿加入中国共产党，坚持执行党的纪律，不怕困难，不怕牺牲，为共产主义事业奋斗到底。”

浓浓战友情

1939年春节过后不久，我被调到新四军军部教导总队第八大队二中队（女生队）学习。5月，速记训练班第一期结束后，接着办第二期，我又被调到军部速记班第二期学习，任党小组组长。全班女学员（包括我）有八名，分别是楚青、罗伊、曹鸣飞、毛维青、施奇、汪企求、季尼，由任之同志授课。任之同志在延安学过速记，1938年10月由新四军副军长项英从延安带回军部专门为新四军培养速记员。

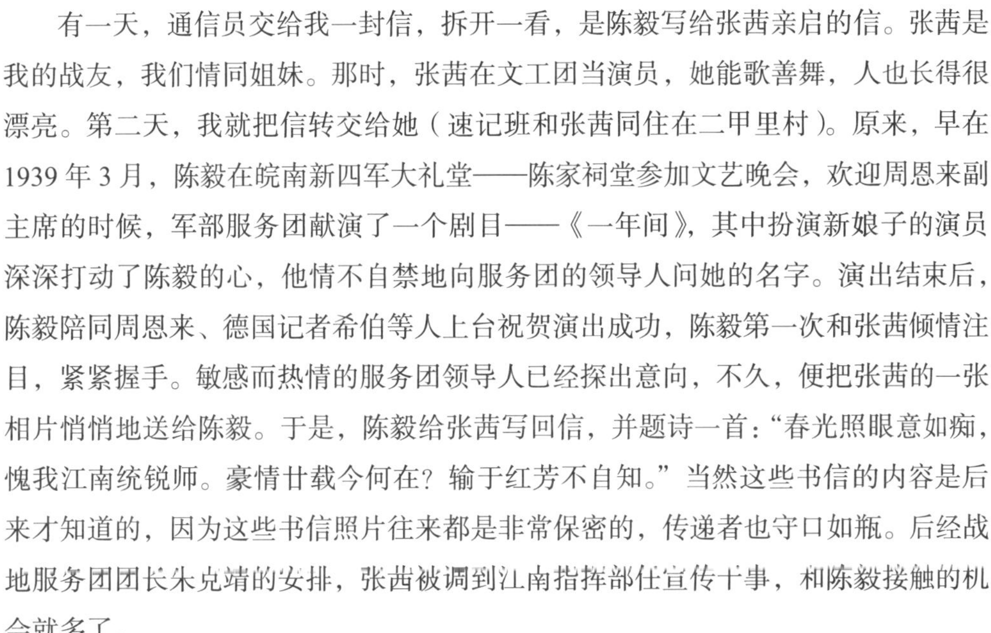

有一天，通信员交给我一封信，拆开一看，是陈毅写给张茜亲启的信。张茜是我的战友，我们情同姐妹。那时，张茜在文工团当演员，她能歌善舞，人也长得很漂亮。第二天，我就把信转交给她（速记班和张茜同住在二甲里村）。原来，早在1939年3月，陈毅在皖南新四军大礼堂——陈家祠堂参加文艺晚会，欢迎周恩来副主席的时候，军部服务团献演了一个剧目——《一年间》，其中扮演新娘子的演员深深打动了陈毅的心，他情不自禁地向服务团的领导人问她的名字。演出结束后，陈毅陪同周恩来、德国记者希伯等人上台祝贺演出成功，陈毅第一次和张茜倾情注目，紧紧握手。敏感而热情的服务团领导人已经探出意向，不久，便把张茜的一张相片悄悄地送给陈毅。于是，陈毅给张茜写回信，并题诗一首："春光照眼意如痴，愧我江南统锐师。豪情廿载今何在？输于红芳不自知。"当然这些书信的内容是后来才知道的，因为这些书信照片往来都是非常保密的，传递者也守口如瓶。后经战地服务团团长朱克靖的安排，张茜被调到江南指挥部任宣传干事，和陈毅接触的机会就多了。

1939年初冬，我在速记班学习结束后，和楚青、罗伊同志一起被分配到一支队司令部任速记员兼机要员。11月8日，一支队和二支队正式合并，成立江南指挥部，陈毅任指挥，粟裕任副指挥。司令部驻在江苏溧阳水西村光裕祠堂。陈毅司令住在祠堂右侧的一间屋内，粟裕司令住在祠堂左侧外面的阁楼上，我们三个速记员就住在粟司令的阁楼下。当时人多房间少，不够住，粟司令亲自教我们在祠堂外的大院内，用稻草、竹片和绳子扎成一米宽的草帘，利用走廊柱子做支柱，把草帘一块一块地搭成小茅屋。茅房搭好后，大家都很高兴，夸茅房温暖、舒适又别致。粟司令说这是他在三年游击战争中学到的本领，那时，他们在深山密林中就自己搭草棚住。粟司令还特地给我们三个人在小茅屋的窗前拍了一张珍贵的合影。

粟裕副司令员教女兵搭的茅屋。左起：罗伊、陈模、楚青

粟裕司令工作很忙，经常工作到深夜，警卫员怕他饿，就买些饼干放在他房内，粟司令却很少吃。一天，我带头上楼，我们把饼干都吃完了，还留了一个小纸条——“小老鼠偷吃了”，放在饼干筒内（不写条，怕他误会是警卫员吃了）。第二天，粟司令笑眯眯地对我们说：“欢迎小老鼠再来光临。”

这年11月，中共中央东南局组织部部长曾山同志来苏南巡视，在主持召开了中共苏皖区第一次代表大会以后，回到溧阳水西村新四军江南指挥部。他对陈毅和张茜两人的事也有所了解，于是对陈毅司令员说：“仲弘，现在张茜也调到指挥部来了，你们的事儿就早办了吧！”陈司令干脆地说：“要得，要得！”

1940年春节前两三天，一支队政治部主任刘炎把我叫去，说：“陈毅司令出差，明天回来就和张茜结婚，你去打扫一下卫生，但要保密。”我听从吩咐，很快把陈司令的住房打扫得干干净净，还特地到老乡家找了张大红纸，剪了两个喜字，为了保密，将它贴在房门里面。这样，外面看不见，一进屋，一关门，就能看到了。我满怀喜悦地向刘主任汇报。第二天中午，管理处请我们吃炸酱面，说是庆贺陈司令和张茜结婚，我为陈司令和张茜的结合而感到特别高兴，就“赴宴”为他们祝贺。

1940年春，在江苏溧阳水西村。左起：楚青、罗伊、陈模（粟裕摄）

不久，我被调到政治部工作，张茜也在政治部。我们合作办起了一张临时战地小报，张茜负责编稿、设计版面，我刻蜡版和油印，相互支持和配合，更加深了我们之间的友谊。

上海脱险

1940 年 3 月，刘炎主任积劳成疾，卫生部部长崔义田怀疑他可能是癌症，便向陈毅建议，让他到上海检查治疗。行前的 4 月 4 日，刘主任单独找我谈话，向我表达了爱意，希望我能考虑考虑。当时我想，刘主任一直是我敬仰的首长之一，恶劣的战争环境，使刘主任把自己的一切都交给了党，参加革命后一直没有考虑自己的终身大事，身体又不太好，身边确实需要一个人照顾。再说，在江南指挥部的这段日子里，刘主任对我的工作也很关心。经过认真的考虑，我当即就同意和他结婚，刘主任非常高兴地走了。当天晚上我就把行李搬到了他的宿舍，和刘主任住在了一起，算是结婚了。第二天，我们就写了报告申请结婚，组织上随即批准了我们的婚事。4 月 8 日，他就动身去上海住院检查治疗，由共产党员吴福海护送。在上海，经过详细检查后，排除了癌症，但仍需要治疗一段时间。刘主任想，在上海养病，花费较大，而且部队有大量的工作要做，既然不是癌症，就不需要在上海治疗了。于是他于 4 月下旬回到茅山，坚持带病工作。

1940 年夏，我随大军渡江北上。1940 年 10 月黄桥战斗后，刘少奇抵达淮安苏北指挥部，和陈毅商量成立苏中区党委，刘炎任苏中区党委书记，陈丕显任副书记，统一领导苏中地区的党、政、军工作。新四军重建军部后，我被调任新四军第一师政治部机关指导员，后安排我到华中党校第三期学习。此后，刘炎的病情日趋严重，鉴于当时苏中根据地生活条件艰苦，战斗又频繁，不利于刘炎养病，陈毅决定再次送他到上海去治疗。

当时，恰逢“七君子”之一的邹韬奋先生，因患中耳癌，需赴上海治疗（当时邹韬奋先生并不知道自己得的是癌症，军医处医生为安慰邹韬奋先生，只说是严重的中耳炎）。3 月下旬，苏中军区司令员粟裕就派交通员和我护送邹韬奋去上海，我以邹韬奋学生的身份陪他前去，并担负掩护和护理工作。接到通知后，我欣喜万分。我们坐车到南通，由南通乘轮船顺利到达上海，潘汉年同志来接邹韬奋先生，我怀着崇敬的心情，向邹先生告别。

随后，我就到上海虹桥医院看望刘炎。我的突然到来，使刘炎大为惊喜，夫妻异地重逢，十分欣慰。次日，刘炎出院。我们住在法租界亚尔培路亚尔培坊一家私人的三层小楼内，和负责掩护我们的作家金人同住一层（还有一小保姆阿宝）。刘炎警惕性很高。因为我曾就读于苏州女子师范，他怕我在街上遇到故友，引起麻烦，就和我商定，两人不要同时出门，在马路上分开走，一前一后，不并肩同行。每天早晨起床后，刘炎下楼到公园散步，我后出去。他到诊所看病，都是步行去，因为像他这样装束的人，坐电车或公共汽车，容易引起怀疑；若雇小汽车，既花钱多又太显眼，容易引人注意。

1943 年 6 月 7 日（农历端午节）清晨，不知何故，金人一家三口全部被捕。敌人尚未发现我们，刘炎当机立断，穿好衣服，像往常外出散步一样走出家门，要我什么东西都不带，吃完早饭后就走。我们先后到党员蔡云娥同志家，知道金人的哥哥当天也被捕了。刘炎对蔡云娥说："不好，不好，金人兄弟两家同时被捕，情况严重，我们要迅速离开上海。"因为刘炎知道，他在上海看病用的钱，都是有人从苏中汇给金人的哥哥，然后转交给金人的，可能是由此引起敌人的注意而被捕。当晚商定由蔡云娥夫妇立即护送我们离开上海。第二天早晨，蔡云娥抱着未满月的小孩，以回娘家为名，带我们从上海西面的真如小站上车，先到苏州裘晋岳先生家暂住，等待军部派人来接。

6 月中旬，潘汉年派来交通员把我们护送到新四军军部驻地——淮南黄花塘，继续治疗。后来，潘汉年告诉我，我们走后不久，敌人就派便衣住在金人家守候，保姆阿宝也被软禁在三楼上，不准出来。幸亏刘炎当机立断，迅速离开，否则就走不出来了，真险啊！

伉俪情深

1945 年 1 月，我在军部秘书处工作时，一天，突然感到腰痛、腿麻、乏力，几天后，就坐不住，不能行走了。一个月后，腰部以下完全瘫痪。一想到自己要拖累组织，不能革命，我就觉得非常痛苦。后请军部卫生部部长崔义田（中华人民共和国成立后任卫生部部长）来看，因缺乏医疗条件，无法检查和确诊，认为可能是骨结核，要睡石膏床，没有石膏床，就只能在木板中间挖个洞（以便大小便），腰下垫个沙袋，也不能翻身。生病期间，刘炎精心照顾我，行军时他用担架抬着我，不让我掉队。每次单位分的饭本来就很少，但刘炎还要再分出一些给我补充营养。那一年，我刚好二十五岁。刘炎送我《钢铁是怎样炼成的》一书，鼓励我、安慰我，相信我一定会好起来的。我深受男主人公革命精神的感染，重拾生活的勇气，决心向保尔·柯察金学习，做个身残志坚的革命者，于是开始在病床上如饥似渴地学习。

1946 年 6 月，蒋介石悍然撕毁《双十协定》，向我解放区发动了全面进攻。为了集中兵力消灭国民党军的有生力量，新四军遵照中央军委的命令，向北转移。从

苏北到山东的途中，刘炎的病情开始恶化，他右腋下的肿瘤比拳头还大，十分痛苦。尽管如此，病重中的刘炎仍然很关心战局，当前方的同志来看望他时，他还忍痛向他们询问战况，对他们亲切地说："现在前方吃紧，你们工作很忙，转告前方的同志，以后不要再来看望我了，你们多打几个胜仗，就是对我最大的安慰，我比什么都高兴。"

敌人大军压境，我军浴血奋战，在这种情况下，政治思想工作特别重要，前方有许多工作需要他去做，如今妻子也重病瘫痪在床，身边刚刚两岁的小女儿，还有寄养出去的大女儿，这些都使他放心不下。一天，粟裕等司令部、政治部机关同志来看望刘炎，刘炎深知自己的生命即将终结，就委托组织上三件事："一是大女儿建华，出生后就寄养在老百姓家，希望将来有条件，一定要帮助找到，兵荒马乱的，担心被人卖掉，沦落风尘；二是陈模（我）生病瘫痪在床，希望一定设法医治好她的病；三是陈模还很年轻，以后的路还长，我死后，希望组织上一定要帮她再找一个合适的人。"粟裕等同志含泪答应他，请他放心。

1946 年 11 月 20 日晚，刘炎让其他同志把我抬到他身边，慢慢地对我说："我从参加革命那天起，就把生命交给了党。我一生奔波，两袖清风，没有给你和孩子留下一点东西，你要像保尔·柯察金那样，身残志坚，顽强地和病魔做斗争，跟着党，坚持革命到底……"说着说着，他闭上了眼睛，遗憾地告别了人世。我仍瘫痪在床，失去亲人，使我悲痛万分。

革命事业永不停歇

在刘炎离开的日子里，我的情绪一直很低落，病情也没有得到好转。1947 年初春，陈毅司令员和卫生部副部长宫乃泉同志来看我，决定送我到大连医院治疗，鼓励我顽强地与疾病斗争下去，我激动得热泪盈眶。

胶济路打通后，组织上派专人送我到大连，住进大连医院的普通病房，入院半个多月没有医生来看望。在大连工作的共产党员朱毅部长知道后，请示粟裕司令员，粟司令批示"陈模住一等病房"。这下好了，医生为我做了详细的检查和精心细致的治疗，瘫痪了近两年的我逐渐能够坐起来，甚至可以站起来走路了。当我第一次从床边走到窗前，看到窗外明媚的蓝天、盛开的花朵时，高兴得大声喊"乌拉"（俄语万岁），是亲爱的党给了我第二次生命。不久，我出院，住进大连疗养院，继续休养。

1948 年底，济南解放后，粟裕司令员趁江渭清同志到大连出差之便，委托他把我和寄养在我处的他的二儿子小宝带回济南。

1949年元旦后，我们到了济南。我已有三年多没见到粟裕司令了，一见面，眼泪直流，当时我就住在粟裕司令家。

1949年1月中旬，为了便于我继续治病，粟裕司令安排我在济南白求恩医学院工作，还委托兼任白求恩医学院院长的宫乃泉同志照顾我，以便边工作边治疗，以治疗为主。这使我深深感到虽不幸失去亲人，但仍有亲人般的首长和同志们无微不至的关怀和照顾，这样深厚的革命情谊，激励着我继续战斗。

（本文选自《铁军·纪实》，有删节）

赖少其在新四军的战斗岁月

文/孙　戎

赖少其

抗战初期，新四军军部所在地安徽泾县云岭，张开双臂热情欢迎来自全国各地的热血青年和进步人士。1939年10月，曾被鲁迅先生称赞为中国“最有战斗力的青年木刻家”的赖少其，历尽艰辛从桂林辗转来到云岭。从此，他开始了戎马倥偬的战斗生涯。

深入一线创作战歌

赖少其作为画家、文化名人投身到新四军。新四军军部专门为他召开了欢迎会，并安排他在军部政治部工作。新四军汇集了一大批文艺人才，赖少其和他们一起利用文艺武器，积极从事创作和宣传活动。1940 年 5 月，赖少其光荣地加入了中国共产党。

在军部工作了一段时间后，赖少其向组织申请，要求到连队去。他又被分配到三支队五团政治处任宣教股长。三支队五团是新四军主力团之一。赖少其到五团不久，日军向铜（陵）繁（昌）前线发起进攻。在三支队副司令员谭震林的指挥下，三支队取得了第五次繁昌保卫战的胜利。军部通报表彰了三支队和五团，赖少其也为自己能亲自参加战斗而无比振奋。

基层的生活，使赖少其觉得开展宣传和鼓动工作，仅仅用绘画这种艺术形式进行战争动员和宣传，已远远不能满足形势的需要，作为中国共产党领导的人民军队，应该承担起拯救被奴役被欺侮的人民的责任，就像在大雾弥漫的长江江面上与狂风恶浪搏击的船夫，不畏艰难险阻。他奋笔疾书，一口气写出了《渡长江》歌词。后来，《渡长江》在新四军部队和国民党的大后方都流行传唱开来，成为一首激励战斗、鼓舞士气的战歌。

皖南事变突围中被捕

1941 年元旦过后，驻防在铜繁前线的三支队五团接到军部通知：1 月 4 日晚，和军特务团编成第三纵队北移。1 月 6 日，北移的皖南新四军突遭国民党军袭击。

经过数天艰苦卓绝的战斗，新四军伤亡惨重。与此同时，坚守高岭的五团接到项英的电报，指示五团砸烂电台，分散打游击。电台被砸烂后，五团与军部失去联系，只得在高山密林中到处乱窜。1 月 12 日，赖少其他们几经周折来到石井坑附近，恰巧被叶挺军长从望远镜中发现，便把五团召集到尚被困在石井坑的军部来。为固守石井坑，叶挺决定由五团坚守东流山阵地。这时，国民党军用整团整营的兵力向阵地轮番进攻，整个东流山已成一片焦土。赖少其和战友们打退了敌人一次又一次地疯狂反扑，子弹打完了，就用石头向敌人砸去。最后，赖少其在突围中遭敌诱出，不幸被捕。赖少其讲一口广东话，国民党军连长的勤务兵陈惠诚是潮州人，私下认赖少其做老乡，想留他在连里相互照顾。赖少其心想，留在国民党军队里逃跑肯定容易些，于是就以陈惠诚哥哥陈惠勇的名字，当了一名“文字抄写”。

除夕晚上，趁着敌人在赌博，赖少其悄悄拿了那位小同乡的“传令兵”臂章，又利用国民党军的便笺假造了一封给国民党繁昌县县长徐羊我的信。大年初一上午，赖少其趁国民党军连长到团部拜年连部没人的机会，佩戴“传令兵”臂章，手持自造的信件，假装送信到繁昌县政府，顺利通过了几道关卡。可天黑到达长江边时，不幸碰上国民党繁昌县的巡逻兵，再次被捕。赖少其后来被解送至“皖南特训

处看守所”，后又转押至江西上饶集中营。

集中营里继续战斗

赖少其与我党享有盛名的左翼领导人兼文艺理论家和诗人冯雪峰等关押在一起。在监狱中，赖少其常为冯雪峰的诗作插画，冯雪峰也为他的绘画题诗。

中华人民共和国成立后上饶集中营纪念馆统计资料显示，国民党设立上饶集中营的一年多时间里，共有二十二位共产党人和革命志士受过“站铁笼”的刑罚，赖少其是唯一一位被吊在铁笼中的。后来，赖少其在党组织和冯雪峰等同志的帮助下，终于越狱逃出上饶集中营。

首倡“立功运动”

1942 年 2 月，越狱成功的赖少其来到苏中解放区，被分配至《苏中报》任副刊编辑。8 月，调往新四军一师任战地文工团团长。不久，调任浙东军区政治部文艺科长兼文工团团长。抗战胜利后，赖少其随队伍回苏北淮阴，调任苏中军区政治部文艺科长。1946 年 7 月，国民党向解放区发动全面进攻。苏中地区军民奋起自卫，取得“七战七捷”的重大胜利。

1946 年 10 月，赖少其主持起草了《关于开展功劳运动的决定》，经团党委讨论通过，印发全团。一场“功劳运动”在全团轰轰烈烈地开展起来。这极大地激发了全团的士气，使全团战斗力不断增强。在涟水保卫战中，二团表现尤为突出，被评为全师的先进团。

新华社前线分社及时将二团开展“功劳运动”的报道发往延安。延安新华总社又将这一消息播发全国。1946 年 11 月 11 日，党中央机关报《解放日报》头版刊登了这一报道，并配发《号召普遍响应立功运动》的评论。

赖少其倡导“立功运动”，对中国人民解放军思想政治工作作出了卓越贡献。“立功运动”作为发扬革命英雄主义的生动内容与有效形式之一，载入中国人民解放军的光荣史册。

（本文选自《新安晚报》）

新四军的喉舌——《抗敌报》

文 / 凤美菊

我们党和军队的领导历来非常重视报纸工作，部队挺进哪里，就马不停蹄地抓紧创办报纸。“武装头脑，是进行武装斗争的先决条件”，坚持敌后斗争，报纸是飘扬在抗日根据地上空的一面旗帜。抗战时期的敌后根据地，大多是被敌人分割、封锁的偏僻农村，经济文化落后，交通很不方便。在这样的环境中，报纸就是传递信息的最先进的工具。

军部创办《抗敌报》

邓子恢

皖南军部《抗敌报》（1938 年 5 月至 1941 年 1 月）发起人是邓子恢。1938 年 4 月初，新四军第二支队张鼎丞、邓子恢抵达安徽歙县岩寺，与先期到达的新四军第一支队陈毅部会合。时任新四军政治部副主任兼民运部部长邓子恢就提出了创办报纸，将其作为部队开展政治工作和对群众进行政治宣传的一个阵地。这样，军部在太平县休整时，便开始办报，并起名《抗敌报》。那时，军政治部尚未正式成立，邓子恢口头上命令由马宁暂代宣传科长，专职办报，并派许彧青、林克多和陈宜作为助手，刻蜡纸印刷，暂出八开一张，三日一期。同年 5 月 1 日，《抗敌报》正式创刊。不久，许彧青等奉命调走，主要工作由马宁同志一人包干（编辑、校对、刻蜡、印刷）。后来在屯溪弄到几台石印机，

就出石印报，但不定期。再后来，直到军部进驻泾县云岭，由于来稿渐多，军中命令也常通过报纸传送到连队，便改为四开，仍是油印。

1938 年 11 月，由上海煤业救护队为军部从上海迁来一个小印刷厂，有了自己的排字房和印刷机器，《抗敌报》便改用铅印了。这个时候军政治部、宣传部正式成立，设在离军部司令部约一里的汤村“汤氏支祠”内，由宣传部部长朱镜我主管这个报纸。宣传部增加了许多人，如赖少其、吕蒙、汪大模、吴强、刘正兴、蒋莱、刘思明等都在宣传部工作。1939 年 2 月间周恩来到云岭视察工作时，应新四军政治部主任袁国平和政治部宣传部部长朱镜我的要求，为《抗敌报》题写了报头。《抗敌报》于 1939 年下半年正式改为八开三日刊，冯定、汪海粟先后任主编。

《抗敌报》以战士为主要读者对象；以宣传国内外形势、坚持团结抗战，报道新四军、八路军抗战业绩，揭露投降分裂阴谋为宗旨。文字通俗易懂，编排新颖活泼，先后开辟了“文艺”“战士园地”“抗敌剧场”“新文字”“青年队”五种副刊。每期的发行量约有千份。

1941 年 1 月 4 日，新四军军部撤离皖南时，《抗敌报》出版“告别”号，发表了题为《临别赠言》的社论。社论中慷慨地说：“亲爱的皖南父老兄弟姐妹们，新中国的灿烂前途照在我们的面前，我们虽然暂时分别，但我们相信，不久的将来，当我们粉碎亲日派、投降派阴谋，肃清亲日派投降势力，当我们驱除日本帝国主义，建立独立自由幸福新中国之时，我们一定能够重温今日依恋的情景，而欢欣鼓舞于新中国的诞生！”同时发表的还有叶挺、项英、袁国平、周子昆的《告皖南同胞书》，宣布终刊。

军部为总结过去一年中所获得的经验与教训，给本军干部和一切热心于抗战的人士做更进一步的探讨和运用的资料，由军政治部、宣传部主办的《抗敌》杂志于 1939 年 2 月在皖南云岭创刊，铅印，三十二开。名为半月刊，实际上不定期出版，发行的对象是新四军营以上干部。编辑委员会由朱镜我、李一氓、林植夫、夏征农、黄源、冯达飞、薛暮桥组成。该刊的宗旨是总结交流建军、作战等方面的经验教训，为军队干部和热心于抗战的人士提供有关资料。该刊设有“社论”“专论”“特辑”“文艺”“战斗报告”“调查报告”“新四军一日”等栏目，经常转载或发表毛泽东、朱德、周恩来和新四军领导人叶挺、项英、陈毅、袁国平、邓子恢等的重要文章，尤其是关于新四军军政建设和作战经验的文章占有相当比例。1940 年 12 月停刊。在近两年的时间里，共出版两卷十九期。

一报一刊威力大

军部的一报一刊无论是在新四军当中，还是在上海、安徽、江西、江苏等新四军力量所及的群众当中，都起了有力的宣传作用。对华北八路军的抗日战绩亦做了大量的报道，因为华北八路军部队的战斗和华中新四军的江南战斗已经密切联系起来。这个报纸历经艰辛（把报纸剪成许多纸条夹在别的东西里面带进去），传送到已成为“孤岛”的上海，使上海的人民了解到中国共产党领导的武装力量正活跃在自己的周围，从而受到极大的鼓舞。

从此，上海民众了解了新四军，支援新四军的活动也积极开展起来。据统计，上海在1938—1941年共输送学生、职员、工人等五六千人参加新四军，并向新四军输送了大量军用物资。同时，这也促进了抗日民族统一战线的进一步扩大和巩固。

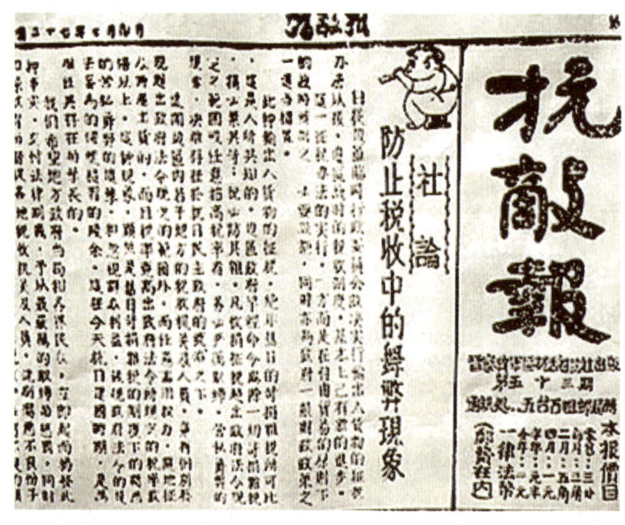
抗敵報

社論

防止稅收中的舞弊現象

1938年7月的《抗敌报》

《抗敌报》登载的埃德加·斯诺先生的《新四军印象记》是一篇很有分量的文章。它报道了新四军英勇抗击日军的战绩：“新四军成立一个月后，它的部队就在成千上万的地方民众和伤病员的欢送下，从岩寺挨次出发了。”“两个月后，捷报就像雪片一样飞到它的军部里去。”“新四军的武器，在胜利中换取了敌人的优良武器来了。”“新四军成立三个月内，已经和敌人作战过一百多次……”“江南的中国人民现在也渐渐地信任起新四军来了。原因是新四军常常和土匪及不抗日的游击队（变相的土匪）战斗，解决了人民的痛苦。新四军是不从他们的同胞身上派款和拉夫的，同时他们还尽力扶助抗日游击队的发展。”“新四军战斗的胜利，使向来怀疑新

四军不能作战的人，渐渐信服起来，因为新四军是在服从政治的战略上克服了所有困难，所以它的战术也就一天天地坚强起来了。”

《抗敌报》还登载了美国著名作家史沫特莱写的《新四军优秀的伤兵医院》和《史沫特莱在皖南》，报道史沫特莱在皖南新四军军部驻地的活动情况。这些文章和报道，通过外国作家和记者的笔和口，生动而形象地介绍了我党领导的新四军英勇抗敌的事迹，对坚持抗战的各界民众确实是一个莫大的鼓舞，推动了抗战救亡运动的深入开展。

陈毅同志对新四军转战江南后的军事和政治形势的精辟分析、邓子恢同志在元旦大会上的报告等通过报刊传达到广大指战员和民众手中，使广大读者从新四军领导的报告、讲话和总结中受到了极大的教益，看到了抗日战争胜利的前景，树立了必胜的信念。

“民众肩上担着箩子，扛着锄头、铁铲合拢起来。群众说：‘今夜新四军叫我们去破坏铁路，叫日军的火车不能开来开去。’战斗开始了，进攻敌人的宿营地，找来两箱煤油燃烧起来，敌人赤着胳膊从里面逃出来，有的背着枪外面逃，一个个在子弹下丧了命。”

这样的报道，读了大快人心。《活跃在江南的新四军战地服务团》报道了青年学生在革命军队大熔炉里锻炼成长的生动事迹，大大地激发了青年的爱国热忱，为引导青年走上革命道路指明了方向。

《抗敌报》是这样记述民众的伟大和力量的：“自三里店以后的战局，我们的战争，便不单纯是军队的战争了……我们的农民自卫队就在其中起了很大的配合作用……或者在敌前配合正规军抵抗，或者绕敌后堵截歼击，或者担任放哨侦察的任务……最有趣的是各自卫队……竟向附近正规军借用军服，表示对战争的决心与英勇！”

1939年5月11日《抗敌报》描写：

白发苍苍的老农夫，倚在破落的草房门口，笑得满脸皱纹，眼睛眯成一线、嘴巴蠕动着：“真的，太难得了！量我活了这么老，也没见过这么好的队伍……”

太阳已西斜，田里还是那样热闹。田野上，你可以看到三个五个穿粗布蓝衣的老百姓，灰军装的新四军战士，他们流着汗，喘着气。一身染了泥浆，脸上、手上。然而，他们却好像一家人，大家和气地、紧张地工作着。

这是政治部的号令：“星期六，帮助驻地农民春耕。”

太阳快下山了，他们还是那样高兴。在他们看来，简直不知什么叫疲劳，什么叫困难，他们用一身热血，用钢铁的体格，为了增加战时生产，为了军民的合作，为了中华民族自由解放的神圣事业，工作着、奋斗着。

这支异样的军队像一支热流，它流到什么地方，什么地方的空气就立刻紧张起来，活泼起来，新鲜起来。敌人像老鼠怕猫一样惧怕这支异样的军队，皖南、江南的几百万民众需要这支异样的军队。

当时在新四军活动地区流传着这样一首民谣：“好铁要打钉，好男要当兵；吃菜要吃白菜心，当兵要当新四军。”

《抗敌报》出了苏北版

1939 年下半年，刘少奇决定办一张中原局的机关报。为避免国民党顽固派的干扰，就用新四军江北指挥部的名义出版，报名叫作《抗敌报》(江北版)。刘少奇同志还对报纸的任务做了这样的指示：当前中原地区的主要任务，是广泛发动群众参加抗日战争，向广大群众揭露日军的诱降阴谋，加强和扩大抗日民族统一战线，反对汉奸汪精卫、亲日派、“反共”顽固派的投降、倒退、分裂活动，为坚持抗战、团结和进步而奋斗。《抗敌报》(江北版)要围绕这个主要任务，把中共中央和中原局的方针、政策，向根据地广大群众进行宣传。

该报于 1939 年 11 月 20 日正式出版，是油印四开小报。国际、国内新闻消息主要依靠抄收新华社、中央社(有时加以改写)播发的新闻，报纸主要篇幅刊登党中央、中原局以及军队和地方党政机关的重要言论和文章及发动和组织根据地广大人民群众参加到抗日战争中来，扩大抗日武装部队，发展与建立党的组织和抗日民主政权，实行减租减息，改善雇工工资，改善人民生活……这些都经常在《抗敌报》(江北版)有所反映。无论是在部队还是在地方工作的同志，都希望看到《抗敌报》(江北版)。在实际工作中它就好比一盏指路灯。

在皖东津浦路西地区，《抗敌报》(江北版)集中宣传新四军游击队武装力量日渐壮大、敌伪在津浦南段铁路交通不断遭到破坏的情况，及时报道战斗情况，这些都有力地激发了群众抗日斗争的热情。

报社由王阑西任主任兼编辑，林檎、甘柏、吕莹任编辑兼记者，刘一村、方言负责印刷出版，陶一波负责图书资料，后刘少奇同志又把中原局电台台长及报务人员二十余人派到报社。报社当时设在定远县山黄家附近的一个小村庄，和中原局、江北指挥部靠得很近。

(本文选自云岭·新四军军部旧址纪念馆)

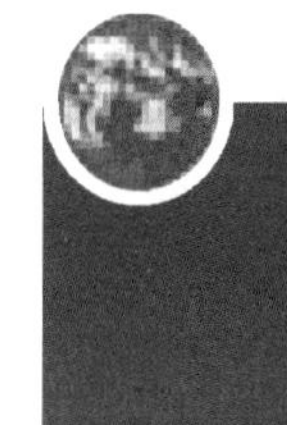

难忘的烽火岁月

——新四军老战士讲述抗战经历

口述/黄家生　整理/熊　杰

安源区五陂镇有个新四军老战士，名叫黄家生。在1942年，他年仅十八岁时就参加了皖南游击队，后被编入新四军，1949年加入中国共产党。在抗日战争和解放战争的烽火岁月里，他在枪林弹雨中出生入死，勇敢、机智、灵活地打击敌人，因公负伤，且多次立功受奖。中华人民共和国成立后，历任人民解放军二十九军八十六师二五六团团部警卫连班长、二十六师五十二团参谋干事（正连级）、山西省大同市大同发电厂人事股长和保卫主任科员等职。

在中华人民共和国成立六十周年之际，老人深情地回忆起那硝烟中的峥嵘岁月。

三颗子弹

那年，我们班十三人在吕辉同志的率领下，在宣城孙家埠一带抗击日本侵略者。我们采取的战术依然是游击战，昼伏夜出，与日伪军展开周旋，出其不意地打击敌人，搞得他们头晕目眩，很伤脑筋。

深秋季节的一个下午，我们一行在孙家埠的老乡家休息。那时的农家住房很低矮，房子都有前后两道门，门前种了枣树和白杨树，还挖了用于生活和灌溉的大水塘。同志们在屋里歇着，吕辉悠闲地刮着胡子，我坐在门口的树下，一边搓草鞋绳，一边望风。

这时候，我突然发现，不远处的田畈里来了一群日本兵，还有扛着机枪的，笔直地朝我们奔来。我丢下草绳，转身进屋报告情况。

吕辉说："来得真不是时候，害老子胡子都没刮好！"他一面说，一面命令赶紧从后门撤退。他利索地从弹夹里摸出三颗子弹给我，说："小矮子，就看你的了！"

我的外号叫“小矮子”，因为那时候我很瘦小。

我接受了三颗子弹，就是接受了阻截敌人、掩护战友们安全撤退的光荣任务。这个任务是十分艰巨的，意味着有随时牺牲的危险。我深知这三颗子弹的用途：一颗给敌人的机枪手；一颗给这班敌人的小头目；最后一颗，在万不得已的情况下留给自己。

我端着枪，子弹上膛，趴在门前的石礅旁。

敌人越来越近，他们在门前水塘对面的土埂上停下来。我听见他们叽里呱啦地叫着，可能是在布置兵力。果然不出我所料，敌人一字排开，只见大个子机枪手从肩上放下机枪，正准备架设。我果断地射出了第一颗子弹，机枪手应声倒地；接着，我瞄准哇哇叫的那个像小头目的敌人，一枪击毙了他。趁敌人乱成一锅粥，我一个翻身，跃进大门，从后门撤走了。敌人的枪声像放爆竹一样在我身后啪啪作响，我心想，这是在欢送我呢！

赶上队伍，我骄傲地亮出最后一颗子弹。吕辉说：“小矮子，好样的！”

全副武装的新四军战士

十二扎钞票

一天上午8时，二十多个日伪军突然闯到了我们所在的孙家埠的一个村庄进行“围剿”。这是不常见的，我们感到意外。

吕辉说：“就地跟他们兜圈子，在运动中消灭敌人！另外，跑动的时候，除了武器，身上的东西能甩的全部甩掉，包括钞票。”那时，我们十三个人，每人身上都有一扎从敌人手里缴来的钞票，那是用来生活和购买军需的必要资金，不到万不得

已，是舍不得丢的。听到命令，我们约好集合地点后，迅速分开。

我跑到小巷里，遇到一个胖伪军。他一面追我，一面大叫："你还不乖乖停下来缴枪，要让老子逮到了，扒了你的皮！"他追得紧，我跑得急，腰里的钞票的确很碍事，趁他不注意，我就顺手掏出钞票甩进一家农户的院墙里。这下轻松多了。跑到小巷尽头，我卧倒，一个翻身，举枪就把那个胖伪军击毙了。

那天的"运动战"打得很漂亮，也打得很艰苦。从上午8时多一直打到下午1时多，整整打了五个多钟头，可收获也不小，总共打死了十几个日伪军，直到把他们赶出村庄。

天快黑的时候，我们在预定地点——一个农户家集合。同志们陆陆续续都到了。吕辉清点人数，哈哈！十三个，一个都不少！我苦着脸说："可惜，把钱丢了。"其他同志也说："带着钱跑，真是不方便，我们也都把它丢了，是可惜了。"吕辉说："人在，还怕弄不到钱吗？不管这些了，大家赶紧吃饭。"

吃过晚饭，有人来敲门，我们一下子警惕起来。打开门，只见门口站了好几个老百姓，我们这才松了一口气。吕辉说："大家都进来坐吧。"

进来的村民，一个个从怀里掏出一扎扎钞票，放在饭桌上。一数，整整十二扎。一个村民说："还有一扎，是丢在大路上的，我亲眼看到让日本兵捡走了。"望着桌上的十二扎钞票，同志们感动得眼含泪花，上前握住他们的手，说："谢谢，谢谢你们！"

一个百姓拉着我的手说："应该谢谢你们才对，你们是为我们打日军，你们新四军千万不能走，走了，我们就没好日子过了！"

（本文选自萍乡党建网）

新四军四师警卫营的“小鬼班”

文 / 李家勋

抗战时期，我们革命队伍里有不少娃娃兵，统一名字叫“小鬼”。他们大都是穷人家的孩子，有些还是父母死于战祸的孤儿，年龄小的十二三岁，大的也不过十五六岁。花季年华，正是读书求学的好时光，可是国难当头，为了救亡图存和不当亡国奴，他们毅然告别亲人，走上杀敌报国的前线，勇敢去接受血与火的考验。他们人小志大，一不怕苦，二不怕死，用自己的爱国热情和献身精神，谱写出许多可歌可泣的英雄篇章。

当年四师部队，除我们师警卫营的“小鬼班”外，二十六团二营四连也有一个“小鬼班”，就是这个“小鬼班”在淮北三十三天反“扫荡”中，用鲜血和生命创造了奇迹，在我军战史上写下光辉的一页。他们在朱家岗守备战中，用大刀和手榴弹，与日伪军拼杀十几个小时，依靠土墙和堵圩门的两辆牛车作掩护，打退敌人连番的进攻，毙伤二百八十多名日伪军。“小鬼班”的阵地犹如钢铁铸就，坚不可摧。正像他们在阵前宣誓的那样：“只要我们‘小鬼班’在，绝不让日军活着攻进圩门。”战后，“小鬼班”的英雄事迹传遍了淮北大地，四师部队的指战员都在向他们致敬，向他们学习。

我们四师警卫营的“小鬼班”是由十几个孩子组成的。我们都是从农村跑到师部驻地，要求参军打日军的。动员我们回家，送我们去淮北中学读书，我们都不肯，师首长才决定把我们编成一个班，归属于警卫营一连。我是1941年夏天，从盱眙县淮河乡跑到半城找新四军的。我的老家是在睢宁县王林，日本兵侵占家乡后，我随父母逃荒到盱眙的淮河乡。听大人说新四军是穷人的队伍，是专门打日本兵的，于是我就偷偷地离开家，跑到半城，找到四师师部驻地要求参军，被编进了“小鬼班”。我们的班长叫王学法，他虽然也是个孩子，可处处学大人样，做事特认真，对全班战士要求很严格，把整个班务管理得井井有条。营、连领导为了照顾我们“小鬼班”，值勤站岗、放哨，大都安排在敌情缓和的白天。我们班长向连长提意见，才改成和兄弟班一样执行任务，这对我们的锻炼成长很有好处。师首长对我们这些小战士也十分爱护和关心，彭师长、邓政委等首长看到我们总要主动嘘寒问暖，要我们好好学文化。有时我们在师长驻地门前站岗，彭师长走过我们身边时，看我们认真的样子，就会笑着问："'小鬼'累不累？"营长、连长对我们就像父母对孩子那样关怀备至，不但让我们学文化，手把手地教我们，连吃饭、穿衣也都替我们操心；查岗查到我们的岗位，总要叮咛再叮咛我们需注意的事项；夜间查铺，替我们盖好被子，放好衣服、鞋子，生怕我们受凉和紧急集合时丢三落四，延缓动作。革命队伍的团结友爱，官兵之间平等互助，暖着我们这些孩子的身心，也帮助我们坚定革命意志，增强进取精神。"有志不在年高"，我们这些孩子认定目标后，就会一往无前，追求不止。我们"小鬼班"不但在警卫工作岗位上高度负责，在对敌作战时，也英勇顽强，不怕牺牲，出色地完成任务。

1942 年冬，侵华日军调集重兵，对淮北根据地展开"大扫荡"。我四师和淮北党政领导机关从中心区半城一带转移出来，穿插活动在敌前敌后，战斗频繁，环境险恶，我们警卫营的安全保卫任务更加繁重。我们"小鬼班"除了和兄弟班一样以高度的敌情观念和警惕性，做好对领导机关和首长的安全保卫工作外，还经常接受任务，化装成农村孩子，深入敌军驻地侦察敌情，以便让领导随时掌握敌军动态，做好克敌制胜的作战准备。11 月中下旬，日伪的"扫荡"已深入根据地的中心地区，我军政领导机关为了更有效地指挥反"扫荡"斗争，转移到管镇一带，并准备在大、小宋庄略做休整，渡过淮河，进入时风嘉山区。正当我们部队准备过河时，盱眙县城的日伪军六百多人，向我们奔袭过来。我警卫营先头部队一面阻击敌军，一面飞报师指挥部。彭师长当机立断，命令张震参谋长指挥警卫营从正面打退敌军的进攻，并分兵从侧面运动到敌军的中部，猛烈攻击，把敌军拦腰切断，消灭其一部，使之首尾难顾，然后再抓住敌军的弱点，集中火力，将其击退。根据师首长的命令，警卫营对攻击上来的日伪军展开了迎头痛击，猛烈的火力把敌军打得鬼哭狼嚎，仓皇向东撤逃，龟缩在一处干河沟里，向我军阵地盲目射击。营教导员于思贤和二连连长甘章龙率二连一百多名战士，利用芦苇地的遮挡，运动到敌军侧面，把全连分成三个作战小组，用猛烈的火力攻进敌群，拦腰将敌军斩成数段。正在前进的敌军被打得晕头转向，纷纷调头逃跑。我们"小鬼班"随一连和重机枪排迎击正面进攻之敌，边猛烈开火，边高喊"缴枪不杀"，声震遍野，令敌人亡魂丧胆。在激战中，我们一名小战友李杰英勇牺牲，班长王学法痛哭失声，带领全班冲在最前面，追击逃敌。营长一面指挥部队掩护我们，一面鼓励我们说："'小鬼班'打得好。"战至黄昏，敌军全部退逃到盱眙县城，我警卫营大获全胜。战斗结束后，我警卫营护卫着军政领导机关和首长，顺利渡过淮河，进入盱凤嘉山区，建立起新的指挥基地，并指挥淮北军民胜利进行三十三天反“扫荡”，粉碎了日伪军的大举进攻。

三十三天反“扫荡”结束后，我军政领导机关又转移回中心区半城一带。为了巩固根据地，把敌人占领的地区夺回来，并迅速恢复我边缘区的地方政权，师首长命令我警卫营分兵一部，配合兄弟部队前往淮宝和泗灵睢地区作战，并要求我们出征的部队，在三个月内打三个大胜仗，完成任务后，才能返回师部。接受任务后，我营一、二连和重机枪排，在营长林乃清和教导员于思贤的率领下，于 1943 年 3 月初横渡洪泽湖，开抵淮宝县。3 月 10 日我营担任主攻，一举拿下日伪军的重要据点武墩集，并帮助地方政府迅速恢复了武墩区的区、乡政权。胜利完成在淮宝地区的作战任务后，部队返回半城师部驻地，略做休整，又于 4 月中旬开赴津浦路东边的泗灵睢地区。当时泗灵睢地区的日伪军和国民党军队早已合流，对我边缘地区大搞蚕食、伪化，到处烧杀抢掠，无恶不作。为了粉碎日伪、国民党的合流，拔除敌人在我边缘区的据点，击败其蚕食、伪化政策，我营发扬“不怕疲劳、连续作战”的顽强战斗精神，于 4 月 14 日首克大李集日伪、国民党的据点。经过四十分钟的激战，敌军二百三十多人缴枪投降，顽军首领雷杰三只带领三十多人突围逃跑。接着于 19 日突袭尹集伪军据点，我军二十多名突击队员化装成伪军，混进据点，突然向正在开饭的伪军发起攻击，我后续部队用猛烈火力，夺下尹集南圩门，杀进敌群。伪军乱作一团，纷纷跪地投降。这一仗仅用一个多小时，就全歼了伪军胡泽普部。尹集战斗一结束，我营又配合兄弟部队围攻朱集据点，全歼了顽军雷杰三部的一个营。上述的四次战斗，我们“小鬼班”都参加了，全班战士都以二十六团“小鬼班”为榜样，英勇顽强，敢打敢冲，经受住了血与火的考验，个个都是好样的。营、连领导也曾多次表扬了我们。当我们返回师部驻地时，受到了师首长和留下担负警卫任务的战友的热烈欢迎，师首长对我营出色完成警卫和作战任务给予表扬。

岁月如流，不知不觉间，六十多年过去了，当年我这个“小鬼班”的战士，已是两鬓如霜，年逾古稀。近七十年风风雨雨的人生经历，如烟飘逝，许多往事，有的淡忘，有的也模糊不清，可是“小鬼班”的这段经历却深深印在我的脑海里，永难忘怀。人老念故，每当我回忆起当年“小鬼班”的战斗生活，战友们的音容笑貌都会清楚地浮现在自己的眼前。尽管有的人已经离世，长眠地下，活着的也都分散各地，联系不上，可是我会永远怀念他们，并衷心希望已故的战友含笑九泉，活着的战友健康长寿。

（本文选自《宿迁晚报》）

南靖版寮土楼里三位新四军的抗日故事

文 / 李令恭　李崇富　李崇财　叶　千

在闽西南永定、平和、南靖边区三年游击战争的版寮基点村土楼群里，共有三十二位青壮年参加红九团。1938 年春，红九团整编为新四军第二支队第三团，三十二位青壮年中北上抗日的有李长绵、李羡椿、李锦洲、刘清全、刘传芳、李胜令等九位。以下介绍的是其中三位的抗日故事。

红九团团部旧址举行挂牌仪式

李长绵征战回忆

1938 年 5 月底，新四军二支队三团驻在小丹阳（苏皖边境小镇）一带。据时任三连管理排长的李长绵回忆，三团到达后就积极开展抗日救亡宣传活动，军民很快打成一片。群众报告说："南京失陷后，日本鬼子在南京杀人放火，尸横遍野。他们奸淫妇女，抢掠财物……"

这年 8 月的一天，包括三连、七连在内的新四军袭击驻扎在小丹阳镇上的日伪军部队，消灭敌军约一个连，活捉俘虏一百多人，缴获几挺机枪及长短枪十多支。

同年腊月的一天，刚从司令部结束两个月休整准备到前方去的三连与七连路过当涂县博望镇，群众前来报告说日本鬼子一个排的兵力、四五十人在博望抢劫物资，要求我们去消灭他们。我们接到报告，立即前去包围。经过大半天的激烈战斗，敌人全部被消灭，但我们也伤亡二十多人。我们为群众报仇雪恨，群众十分高兴。战斗一结束，他们便主动前来帮助打扫战场，紧急救护我军伤员。

次日早上，日军从南京派三架侦察机侦察我军行踪，千余日军炮兵、步兵随后跟进博望镇。三连和七连占领有利地形，与日军进行激战。这一天，尽管敌炮敌机狂轰滥炸，但收效甚微。战斗中，我已担任排长，指挥三个班打得激烈，缴获许多枪支弹药等战利品，打死打伤鬼子兵十多人，而我排仅伤亡两位战士。日军撤退时，将之前被新四军打死的鬼子兵尸体全部运走。

1939 年冬，我团奉命转移到繁昌、芜湖、铜陵一带活动。在这里，我们与日军进行过峨山头、汤口坝等几次有名的战斗，使得小股日军不敢到乡下抢劫物资，骚扰百姓。对此，日军恨得咬牙切齿，多次进行“扫荡”。我军则针锋相对进行反“扫荡”。

仅 1939 年这一年，新四军就与日军大大小小交战数百次，毙伤俘虏日伪军几千人，缴获武器不计其数。当时，新四军政治部还为此编写了一首歌。李长绵还记得歌词的头段内容：“反‘扫荡’，反‘扫荡’，云岭大捷，血战繁昌，峨山头的搏斗，汤口坝歼灭战。我们用雪亮刺刀，暴烈的手榴弹，前仆后继冲锋，把敌人杀伤。”

李锦洲敢打敢拼

李锦洲是南靖县书洋乡下版寮村李屋人。1965 年 5 月，他在江西省上饶县应家公社当供销社主任，请假回乡探亲同乡亲、战友会面时，常讲起抗日战争中打日本兵的故事。

1938 年春，李锦洲所在部队被整编为新四军二支队三团三营三连，北上抗日，开赴苏皖抗日前线。他任二班班长。有一次，同日本兵较量，手榴弹扔完了，肉搏拼刺刀，有二十多位战士先后牺牲。他所处的阵地，只有他一人还活着。这时，敌人已紧缩包围圈，正在打扫战场，他突围不出去。千钧一发之际，他灵机一动，躲藏在战友遗体下。敌兵用刺刀在战友的遗体堆里乱戳乱刺，突然刺伤了他的手臂，血流如注。他强忍剧痛，一动不动，待敌兵离去后，才爬起来，摸黑辗转返回部队。战友们被他这副模样吓了一跳，赶紧为他擦洗血污，包扎伤口。

1938 年 10 月，李锦洲被调到新四军军部当特务连连长。在一次激战中，他指

挥全连指战员冲锋陷阵。他身先士卒，因个子大，转身慢，没提防被一个矮个子的日本兵从背后刺了一刀，刺刀直入胸部，淋漓的鲜血很快就把棉衣染红了。他忍着剧痛，打掉敌兵的刺刀枪，抢上一步，双手掐住敌兵的脖子，将对方压在草地上。他以报国家仇、雪民族恨的愤怒，双手越掐越紧，把那个敌兵活活掐死了。

李羡椿无上光荣

1938年冬的一个夜晚，寒风凛冽，新四军二支队三团三营三连驻守在苏皖边境的小丹阳镇，侦察班长李羡椿常到南京城侦察敌情。这天晚上，风雪交加，他奉命奔袭金保围庙驻守的汉奸维持会及伪军。他带着三位便衣侦察兵，先行轻装急进目的地。

庙门口站岗的两个伪兵做梦也想不到，在这寒冷的夜晚，新四军会来偷袭，因而放松警惕，横抱着枪，坐在庙门口打瞌睡。李羡椿他们眼明手快，出其不意，夺下了哨兵的枪，待他们惊醒，都乖乖当了俘虏。

三连指战员随后跟着冲进庙里，伪军都还在高枕无忧地睡大觉，阵阵呼噜声此起彼落。战士们迅速地收缴了他们挂在墙上的枪，并将前房住的二十多个敌人全部俘虏。这一仗共缴获二十余支长短枪和不少弹药、军用物资。

另一次，在小丹阳同日军的战斗中，已升任侦察排长的李羡椿带领一个班侦察战士冲进日军指挥部进行袭击，不幸中弹受了重伤。他冲出敌指挥部不到一里路，就再也挪不动脚步。当地老乡鱼水情深，遂用担架将他抬回三团团部。军医检查他的伤势，发现他除两手重伤外，脑后还中了一枪，虽没穿透，但子弹头却残留在脑内。由于失血过多，医治无效，当晚牺牲了。

（本文选自《福建党史月刊》，有删节）

一个老兵回忆新四军敌后抗战：不怕苦不怕死

口述／戎克勤　整理／顾　烨

1945年9月3日，庆祝抗战胜利的旗帜飘扬在南京满目疮痍的大街小巷，人们载歌载舞。在百里之外的浙江长兴群山之中，在新四军苏浙公学里，新四军营长戎克勤和战友们也同样欣喜若狂。

从戎——好男儿当兵去

1938年6月，江南新四军第一支队二团团长王必成（1955年被授予中将军衔）率部东进，来到戎克勤的家乡——常州武进戎家村一带进行抗日斗争。

戎克勤

新四军向广大群众宣传抗日，尤其号召青年参加抗日，他们办了夜校。当时只有十八岁的戎克勤和周围村子里的年轻人每晚都聚在一起，听新四军讲抗日。

“七个晚上后，我们明白不当兵就要当亡国奴。为了能够过上好日子，我们得把日本鬼子赶出中国去。”戎克勤说。

当年7月，四十九名青年来到了江苏丹阳，参加了丹阳抗日自卫总团。9月，他们又来到茅山一带找到了新四军第一支队二团团部，被安排住在一个祠堂里，下面铺的是稻草，上面盖的也是稻草。

第二天，王必成就来看望，还风趣地说：“你们盖的可是金丝被！”大家一听都乐了。

第三天，团部宣布这四十九名青年被编入二团特务连三排。戎克勤成了一名抗日战士。

奇袭——以弱胜强速战速决

1939年秋，戎克勤所在的三营九连安扎在武进、丹阳交界处的一个村子里。侦察员了解到日军日前从丹阳、常州调了二百多人集结在附近的奔牛镇，分乘七辆汽车到西夏墅集中，准备次日天亮前“扫荡”丹阳方仙桥一带的游击队。

连长决定打一场伏击战，地点选在了陈巷桥村。晚上8时，大家隐蔽在村南的坏土墙、田埂、坟墓旁，全连唯一的一挺白朗宁轻机枪被安排在最前头，任务是指挥战斗，将日军第一辆汽车的驾驶员打死，扫射敌人，控制局面。

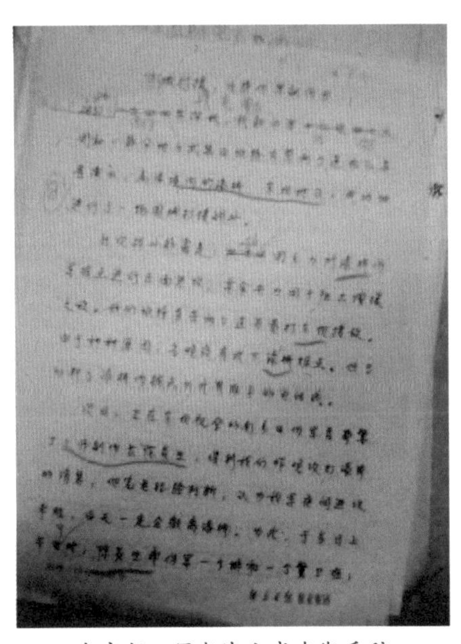

南京新四军老战士戎克勤手稿

不到9时，大家就听到公路上传来的汽车声，日军七辆汽车前后距离不到一百五十米，向伏击圈开来。

这时机枪响了，伏击正式开始。大家按照作战顺序打完两排子弹，二百多个日本兵一下子被打蒙了，一点声音都没有。前后不到二十分钟，就结束了战斗。

戎克勤说：“当时连长命令，不许清扫战场，迅速撤离，我们走出不到一里，就听到后面汽车上的弹药爆炸了。”

第二天，听当地老百姓讲，两百多个日军只剩下了十几个，而新四军全连只有一个战士负伤。

游击——不怕苦不怕死

南京是日本侵华期间日伪统治的中心，城内军警宪特机关林立，周边频遭“清乡”“扫荡”，新四军的条件非常艰苦。

当时“吃”是个大问题。由于游击作战很难获取食物，战士只能到池塘里摸螺蛳、河蚌等吃，普遍营养不良。1944年春，连里许多战士拉肚子，卫生员每到一地，都要到老百姓家里收集鸡蛋壳，洗净放在锅里炒，碾压成粉状，用来治疗肚子胀和不消化。

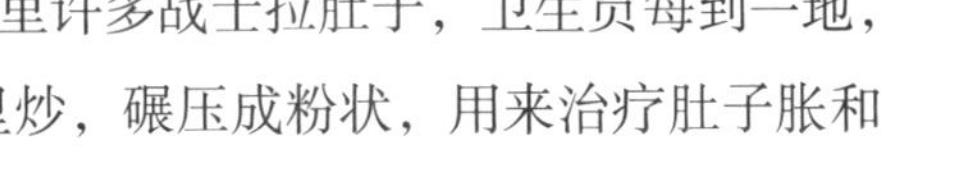

住的条件也相当艰苦。当时新四军大部分战士宿营在山上，一到春、夏、秋季，各种虫子到处乱爬，咬人的蚊子也让人难以入睡。而到了冬天，大家就三五成群地围在一起相互取暖。

因为敌人的封锁，物资奇缺，战士们的衣物及各种生活必需品常常不能按时发放。戎克勤记得，由于没有牙粉，大家只好到老百姓家的香炉里蘸香灰刷牙。如果负了伤，就用碘酒止血，再添点凡士林。有时连凡士林都没有，就将肥皂水注入纱布敷在伤口上。

虽然条件艰苦，可是新四军全体指战员没有一个当逃兵。戎克勤说："困难反而激发起战胜困难、团结抗日的必胜信念。我们最喜欢的事，就是每天在一起唱歌，比如《游击队之歌》《大刀向鬼子们的头上砍去》，多带劲啊！"

不仅如此，每天下午5时以后，新四军都会派战士到各村活动，让老百姓知道新四军和他们在一起。戎克勤说："老百姓每次看到我们，都非常高兴。他们说，抗战一定很快就会胜利，总有一天，中国人会把日本鬼子赶出去。"

（本文选自新华网）

韦岗伏击战

——纪念粟裕大将逝世二十五周年

文 / 凤美菊

今年（2009 年），是粟裕将军逝世二十五周年。粟裕的名字，是与我军金戈铁马、波澜壮阔的半个多世纪战斗历程紧紧联系在一起的。粟裕一生打了很多仗。抗日战争时期，韦岗伏击战就是由粟裕亲自指挥的。该战的胜利，像初春的惊雷，极大地震动了苏南沦陷区。当时，老百姓对韦岗战斗做了神奇的宣扬，这个说新四军打死了八百个、那个说打死了八千多个日军，指挥打仗的粟司令，是双枪司令，还传说马上要打到南京、上海呢！一时有关韦岗战斗的情况可谓众说纷纭。

1938 年春，日军占领了华东广大地区，京、沪、杭、芜各地相继失守，敌伪及土匪得势猖狂、无恶不作。国民党军队和各级地方官员或逃之夭夭，或投降附敌，江南各地已半年以上未见中国军队，广大人民生活在水深火热之中。新四军军长叶挺、副军长项英遵照中共中央向苏浙皖挺进，放手发动群众，开展抗日游击战争，创建以茅山为中心的苏南抗日根据地的指示精神，于 1938 年 4 月从第一、第二、第三支队抽调部分团以下干部和各支队侦察连战士共二百余人，组成新四军先遣队，由第二支队副司令员粟裕（任先遣支队司令员）率队深入苏南敌后，进行战略侦察。同年 4 月 28 日，先遣支队从安徽省歙县岩寺出发，于 5 月 19 日进入日军已占领城镇的苏南沦陷区，分三个组对南京、常州、镇江方向进行武装侦察，搜集日军情报，调查苏南沦陷后的社会情况，为新四军主力进入苏南敌后做准备。

新四军初到江南，战士们向人们宣传说：“我们是新四军，是来打鬼子的！”人们有的摇头叹气，有的鼻孔里“哼”一声走开了。有的说：“中央军有飞机、大炮，还打不过，你们这几条枪，能行？”还有的说：“你们规矩好，可打仗不来事。”总之，一般群众对这支衣着破旧、装备不齐的军队都持怀疑态度。“看来我们得和鬼子打一仗了。”粟裕对部队说，“只有打了胜仗，才能打破日军不可战胜的神话，树立我们新四军的威信，鼓舞江南人民的抗战信心。”

在粟裕积极寻找战机时，陈毅也率领一支队主力部队到达江南，两支队伍并肩进入茅山地区。

6月，正值江南梅雨季节，大雨下得天昏地暗，道路泥泞。部队连续十几天在漆黑的雨夜中行军，疲惫极了。粟裕和战士们一样只有一套军装，无法替换，天明到达宿营地后，只好赤身裸体地把衣服架在火上烘干。整整一天，粟裕和陈毅就这样裸着身体讨论部队下一步的行动方案。“我打算沿沪宁铁路东进到镇江附近寻找战机，同鬼子打一仗。现在这个形势，不打一仗是不行的。”粟裕迫不及待地对陈毅说。陈毅笑道：“我们这是赤条条来去无牵挂！打吧，我支持你，一仗大胜，全盘皆活。”他翻动着衣服又问，“力量是不是还需要加强一下？”粟裕点点头说：“这一路南来，天天在雨夜中行军，部队病号很多，战斗力大为减弱，你再派点身体好的同志给我吧。”陈毅二话没说，当即抽调了一百多人，清一色的棒小伙子，组成一个连，交给粟裕。当夜，粟裕率部向镇江方向进发，陈毅出来送行，告诫粟裕慎重出战，战即求其必胜！

两天后，部队到达预定地区，按计划破袭宁沪铁路。

这天，粟裕在一个竹林里开了一个干部会。他在会上说：“由于国民党军队几十万人都被日军打得惨败，上海、南京那样重要的城市也相继失守，日军长驱直入，至今没有遭受打击，因而认为江南很安全，敌人傲慢到了极点，三五成群没带武器也敢到离驻地十里远的乡下横行，这正是我们袭击敌军的好机会。根据多次侦察，公路上每天驶过日军军车五六十辆，从上午7时就开始往返，行车时一般都毫无戒备。我决定今天子夜行动，目标是镇江南约三十里的韦岗附近，任务是伏击敌人车队，夺取军事上、政治上的大胜利。这是我们挺进江南后打的第一仗，十分重要！只有初战打个胜仗，方能树我军的威信，扩大我军的影响！”到会的干部们情绪高涨，当即表示一定坚决执行命令，完成作战任务。

粟裕听取了同志们的意见，决定亲自带领八十余名战士去执行伏击任务。

第二天凌晨，粟裕率部冒雨向韦岗以南的赣船山地区急进，这是他几天前选好的伏击区。

月黑风高，山道崎岖，部队行军速度却很迅捷，于拂晓以前全部进入伏击阵地。指战员们观察四周，见这一带地形险要，公路两侧均是二百米左右的山峦，连绵不断，横亘南北，公路犹如一条长长的蟒蛇，蜿蜒于山峦之间，真是个打伏击的

好战场，心里不由得暗自佩服粟裕。

粟裕做了简单扼要的动员，要求大家隐蔽、迅速、勇敢、灵活，一定要打出军威，务必求胜！然后，他派出少数人员负责句容方向的警戒，大部分人员就地埋伏，等待敌人军车到来，采取突然袭击。

上午8时20分，天还在下着大雨，从镇江方向传来了汽车的马达声，指战员们仍屏息静气，注视敌军军车过来的方向。雨停风起，阵风掠过，树叶沙沙作响，更增添了几分战前的宁静。

当日军第一辆军车过山脚进入伏击区，离我军阵地五十来米远时，粟裕举起左轮手枪，蓦地从隐蔽的岩石后跃起，挺身而立，命令“开火”，截击敌军军车。我军机枪、步枪一齐吐出火舌，敌车上的驾驶兵脑浆迸流，汽车歪歪扭扭地在弹雨中冲出几十米，“轰”一声歪倒在公路一侧。接踵而来的五辆军车也停了下来，车门打开，几十个日本兵端枪跳下来。一时间，枪声、手榴弹爆炸声、军号声和杀声，震荡山谷。残敌在两个日军军官的带领下，号叫着组织反击。有的跳入公路两沿的沟堑，有的窜入路边的草丛，或利用地形、地物，或依托被击毁的汽车，负隅顽抗。

粟裕带着警卫员跃过公路，亲自指挥。战士们堵住敌军冲杀，机枪手端着机枪横扫。这时，二十多个敌人越过公路，亡命般地朝公路边的一个小山头爬去，企图占领制高点，但他们却没料到粟裕早在山头部署了十多个人的兵力。敌人离山头还有三十来米远时，我军一阵枪响，日军便丢下十多具尸体，滚到了公路上，我军战士从四面冲向敌人。

一场白刃格斗开始了。刺刀对刺刀，枪托撞枪托，这是力与力的拼搏、意志与意志的较量。敌人死的死，伤的伤。有的战士抓起烂泥巴往敌人脸上扔，日本兵的眼睛被击中，战士们冲上去，“扑哧”一刀要了他们的狗命。

粟裕正指挥大家猛扑残敌时，公路一侧的沟里一个已中弹的日军军官突然跳起，举着寒光闪闪的军刀，狠命向粟裕劈来。只见粟裕手一扬，随着“砰、砰”两声手枪的清脆响声，顽敌侧倒在了血泊之中。此人便是日军大尉梅泽武四郎。日军在我军的冲杀下，伤亡殆尽。

另一日军少佐土井潜入汽车下，也被击毙。此次战斗打得干脆利落。清扫战场时，共计击毙敌军三十余名；击毁汽车四辆；缴获长短枪二十余支，日钞七千余元，日军军旗、军刀、军服以及车中食物、保险箱、被服等军用物资无数。

战斗胜利结束后，我军指战员们的情绪高涨。粟裕掏出怀表，看了看，战斗刚好进行了半小时，命令部队立即转移。

伏击勇士们脱离战场不久，敌军大批援兵、汽车和数辆坦克，在三架飞机的配合下，匆匆赶到韦岗，但所见的尽是日军官兵的残骸和被焚毁的车辆。粟裕率部向东南方向疾进，经青山抵达白虎镇。先遣支队全体会合，欢庆胜利。粟裕即兴作五言诗一首：“新编第四军，先遣出江南。韦岗斩土井，处女奏凯还。”当晚，粟裕向陈毅报告了战斗的情况，陈毅当时就口吟七绝一首，以表达欢快之感，并赠给粟裕留作纪念：“弯弓射日到江南，终夜喧呼敌胆寒。镇江城下初遭遇，脱手斩得不楼兰。”因此诗为《卫岗处女战》，从此韦岗又常被称作卫岗。

韦岗战斗规模不算大，其意义却非凡。它是新四军进入苏南敌后的第一战，它粉碎了具有机械化优势的日军不可战胜的神话，更起到了战略试探、战略侦察的作用，为开创江南的抗日局面立下了第一功。粟裕在回忆韦岗战斗时曾指出：“这一战斗的胜利，不仅奠定了我军进入江南战区的基础，而且开辟了胜利的先声。”

从此，“新四军”这一光荣的名字，迅速成为大江南北人民抗日斗争的一面伟大旗帜。

（本文选自云岭·新四军军部旧址纪念馆）